पगडंडियाँ

जब कोई लेखक देशाटन पर निकलता है तो सामान्यत: उसका पर्यटकीय कौतूहल उसके लेखन पर हावी होता दिखायी देता है और यही मनोदशा किसी यात्रा-वृत्तान्त को डायरी में परिवर्तित करने के लिए पर्याप्त है। किन्तु राहुल 'नील' जब देशाटन कर रहे होते हैं, तब उनका यायावर उनके लेखक के साथ दोस्ती कर लेता है। इसलिए जब 'नील' पगडंडियों का शब्दचित्र खींचने लगते हैं तो उसमें हर मोड़, हर घुमाव, हर चौक-चौराहा बिल्कुल स्पष्ट उभरने लगते हैं। यही कारण है कि मैं आश्वस्त हूँ कि यात्रा-वृत्तान्त की क्षीण होती परम्परा में ये पगडंडियाँ 'राजमार्ग' की भूमिका निर्वाह करेंगी।

-चिराग़ जैन

पगडंडियाँ

राहुल 'नील'

वाणी प्रकाशन

प्रकाशन के उत्कृष्टतम 61 वर्ष

vaniprakashan.com

सजिल्द पहला संस्करण : 2024

वाणी प्रकाशन

4695, 21-ए, दरियागंज, नयी दिल्ली-110 002

फ़ोन : +91 11 23273167, 23275710

शाखाएँ

अशोक राजपथ, पटना-800 004, बिहार

कॉफ़ी हाउस कैम्पस, महात्मा गांधी मार्ग, प्रयागराज-211 001, उत्तर प्रदेश

महात्मा गांधी अन्तरराष्ट्रीय हिन्दी विश्वविद्यालय, वर्धा-442 001, महाराष्ट्र

36/ए, शेक्सपियर सरणी, रानी बिरला गर्ल्स कॉलेज के पास, कोलकाता-700 017, प. बंगाल

sales@vaniprakashan.in

vaniprakashan@gmail.com

Pagdandiyan

by Rahul 'Neel'

ISBN : 978-93-5518-922-6

Memoirs/Travelogue

मूल्य : ₹ 450

भीतरी चित्र : राहुल 'नील'

जी.एस. ऑफ़सेट, दिल्ली-110 095 में मुद्रित

वाणी प्रकाशन का लोगो मक़बूल फ़िदा हुसेन की कूची से

मोनिका को, जिसे
विधाता ने मेरी हर
यात्रा में साथ रहने
के लिए चुना है...

आमुख

उस पगडंडी पर
जो जाती है
क्षितिज की पलकों तक
अकेले नहीं जाती
कभी-कभी ले जाती है मुझे
कभी सूरज को
और कभी-कभी चाँद को भी...
सूरज और चाँद उतर जाते हैं
पलकों के भीतर
पीछे
लौट भी आते हैं...
मैं और क्षितिज
प्रतीक्षा करते हैं...
पर पगडंडियाँ वापस नहीं आतीं...

सच कहूँ तो ये यात्राएँ कुछ और नहीं हैं, बस मेरी प्रतीक्षा का प्रतिफल हैं। मेरी तब तक की प्रतीक्षा, जब तक रास्ते के पत्थरों, पगडंडियों और आसमान की ओर ताकते मेहराबों ने मुझसे बातें नहीं कीं। इन यात्राओं के दौरान मेरी समझ में आया कि कलरव सुनने के लिए हमको प्रतीक्षा करनी ही पड़ती है, क्योंकि कोलाहल में कलरव नहीं सुने जाते, हमें अपने भीतर के कोलाहल को शान्त करना पड़ता है। ये केवल भ्रमण नहीं है बल्कि ये यात्राएँ तो एक तरह का 'भटकना' है, जब हम अपनी पदयात्रा के साथ ही साथ अपने भीतर

भी एक अन्तर्यात्रा कर रहे होते हैं। ऐसी यात्रा जो हमें 'अहं' से बहुत दूर ले जाती है।

चन्देरी के पत्थर आजकल के दौर में अनेक लोगों के लिए सेल्फ़ी का ख़ूबसूरत बैकग्राउंड हो सकते हैं, लेकिन मेरी समझ में तो ये भग्नावशेष इतिहास के भोगे हुए कथानक की आधारशिला ही हैं। इतिहास केवल वह नहीं है जो पन्नों में दर्ज है बल्कि वह भी है जो शताब्दियों से पत्थरों के नीचे दबा है। इतिहास केवल वह नहीं है, जिसे कंगूरे बयाँ करते हैं, इतिहास तो उस नींव की भी कहानी है, जिस पर कंगूरे आज तक टिके हैं। इन यात्राओं में मैंने उन पत्थरों और नींव से बात करने का प्रयास किया है।

'पंचतन्त्र' में एक जगह कहा गया है: पर्यटन् पृथ्वींसर्वां, गुणान्वेषणतत्पर:, अर्थात् जो गुणों की खोज में अग्रसर हैं, वे सम्पूर्ण पृथ्वी का भ्रमण करते हैं।

बस, मेरे लिए यात्राएँ 'देखना' भर था। मैंने पहली बार बादलों का बसा हुआ घर देखा, देखा कि हवा पास से गुज़रे तो लगता है कि कान में कुछ कह कर गयी है। बहती नदी से उठता संगीत जिस सिम्फ़नी में बजता है, काश! उसे आँखों में भरा जा सकता। असंख्य चिड़ियों की चहचहाहट से भरा-पूरा स्वच्छ आसमान, असंख्य वनस्पतियाँ। शान्ति की नई परिभाषाएँ गढ़ते हुए, पलक झपकते ही बदलने वाले लैंडस्केप...

भारत में इतना कुछ अनछुआ है, जिसे देखकर, छूकर लगता है कि यह छुअन कितनी ज़रूरी है और कितनी पवित्र। हमको बस अपनी आँखों को एक संग्रहालय बनाना पड़ता है। —एक वीतरागी और तटस्थ संग्रहालय...

इस बार की यात्राओं के लिए ईश्वर ने मेरे लिए उन स्थानों को चुना, जो अपने आप में इतिहास के महत्त्वपूर्ण दस्तावेज़ बनकर खड़े हैं। ऐतिहासिक धरोहर के रूप में सूत्रधार तो हैं, लेकिन मौन। ये स्थान भारतीय कला दर्शन, उन्नत वास्तु, शिल्प योजना, कला और दूरदृष्टि के अभूतपूर्व प्रयोग हैं। अजन्ता-एलोरा की गुफाएँ, कैलाश मन्दिर, द्रविड़ शैली के मन्दिरों का विस्तृत वितान, ओडिशा और बंगाल के भव्य मन्दिर, बुद्धकालीन कला के अनेक प्रमाण! इन सभी स्थानों पर शिल्प और प्रकृति का अनोखा सामंजस्य देखकर यही लगता है कि मनुष्य के आवाह्न से जब कला नगरों में प्रवेश करती है तो वह अपनी प्राण रक्षा के लिए प्रकृति को साथ लेकर आती है।

सुनहरे अतीत के ये बँजारे अपनी-अपनी कथाओं को आज की पीढ़ियों के लिए होठों पर सजाए बैठे हैं। मेरा एक प्रयास है गुज़रे हुए कल से बतियाने का... एक प्रयास है संवाद का उन खण्डहरों से, जो सदियों से अपनी-अपनी कहानियों को अपने सीने में दबाए बैठे हैं।

सिरपुर के बौद्ध विहारों के तोरणों पर चिन्हों के द्वारा ही कला जीवन के अर्थों में अभिव्यक्त करने का विधान किया गया है, पदावली की गढ़ी में छत पर जो अभूतपूर्व कथाएँ उकेरी गयी हैं, चन्देरी के क़िले का सम्पूर्ण आवाह्न, कालिंजर के क़िले का मूर्तिशिल्प। हमारे पूर्वजों के इस अद्‌भुत प्राणमय पराक्रम को हम इन स्थानों के माध्यम से जितना देखते हैं, मन आश्चर्यचकित हो जाता है।

सच कहूँ तो ये यात्राएँ किसी लोकगीत जैसी हैं, अपने पीछे एक कहानी कहती हुई, सरल, सीधी-सादी, एक ठसक के साथ कुछ प्रश्न छोड़ती हुई। मेरी समझ में आया कि हम अकेले यात्रा नहीं करते बल्कि हमारा 'आज' हमारे साथ-साथ चलता है, जो मंज़िलों के लिए उत्साहित नहीं रहता बल्कि हमारे दृष्टिकोण के प्रति हमें सचेत करता चलता है। जो सहायता करता है, रास्तों के किनारे मिलने वाले महाकाव्यों को समझने में, इस पुस्तक में। मैं अपना वही 'आज' अपने सहयात्रियों के सामने रख रहा हूँ।

विभिन्न स्थानों की यात्राओं के बाद वहाँ के ऐतिहासिक एवं पौराणिक सन्दर्भ जानने के लिए अनेक पुस्तकों और अनेक विशेषज्ञों की सहायता मिली। उनका आभार।

इन यात्राओं को पुस्तक रूप में लाने के क्रम में सबसे बड़ा सहयोग देश की प्रतिष्ठित लोक गायिका श्रीमती मालिनी अवस्थी जी, सुप्रसिद्ध पत्रकार श्री अनंत विजय एवं देश के बड़े लेखक श्री यतीन्द्र मिश्र जी एवं चिराग जैन का है, उन्होंने पाण्डुलिपि पढ़कर अपने बहुमूल्य शब्द किताब के लिए दिए। सच कहूँ तो उन्होंने आगे के लिए मेरी ज़िम्मेदारी कहीं अधिक बढ़ा दी है। श्री माधव भान जी ने जिस मनोयोग और रचनात्मकता से पुस्तक को सजाया है, उसने मेरी यात्राओं को थोड़ा और मूल्यवान बना दिया है। वाणी प्रकाशन से अदिति महेश्वरी ने सहर्ष इस यात्रा वृत्तान्त को व्यवस्थित रूप से छापने का आश्वासन दिया, जो मेरे लिए अत्यन्त महत्वपूर्ण था।

मेरी इन यात्राओं में अनेक सहयात्री ऐसे भी रहे जिनके बिना ये यात्राएँ सम्भव नहीं थीं, और न ही पुस्तक। अभार उन सभी सहयात्रियों का जो मुझे नई यात्राओं के लिए उत्साहित करते हैं।

राहुल 'नील'

अन्तर्जगत् की यायावरी का उत्सव

जीवन और समाज को देखने की दृष्टि, मनुष्य के अपने भाव जगत् की अन्तर्यात्रा से दीप्त होती है। जीवन के विविध प्रसंगों और उनके प्रकाश में फैली हुई ढेरों संवेदनाएँ, दरअसल मन की यायावरी ही हैं, जिनकी परिक्रमा से हम बाहरी दुनिया से अपना एकात्म स्थापित करते हैं। इस अर्थ में एक यात्रिक का जीवन, उसके अनुभवों का ऐसा संचित अमृत कोश भी है, जिसके माध्यम से हम अपनी आत्मीयता का दायरा विस्तृत करते हुए, एक बड़े फलक पर संसार को देखते हैं।

युवा लेखक और संस्कृति के कार्यों में आस्था से संलग्न, राहुल 'नील' का यात्रा-वृत्तान्त 'पगडण्डियाँ' ऐसी ही यायावरी का कला- उत्सव है, जहाँ मनोजगत् और बाहरी दुनिया एकमेक होकर, कुछ सार्थक सृजित करते हैं। हम कह सकते हैं कि ये सारे यात्रा संस्मरण युवा मन की ऐसी अबूझ पहेली हैं, जिन्हें अपनी अथक जिज्ञासा, अनवेषी रचनात्मकता और हृदयग्राही अवलोकन से उन्होंने हल करने की कोशिश की है। इन यात्राओं को भले ही वे पगडंडियों के सहारे मूर्त करने का जतन करते हैं, मगर कहना चाहिए कि ये सारे लेख बृहत्तर मानवीय भावनाओं के राजपथ पर सहज़ता से अनुगमन करते हुए सम्भव हुए हैं।

इतिहास और मिथक, यथार्थ और स्वप्न, परम्परा और आधुनिकता के ढेरों प्रश्नों से जूझते हुए रचनाकार ने कुछ ऐसे सीमान्त खोजने की

कोशिश की है, जिसमें उनका वर्तमान समय अपनी पूर्वज परम्परा से संवाद करता हुआ दिखायी देता है। यह बातचीत इतनी प्रखर, धड़कती हुई और उदात्तता के समावेश से आपूरित है, जिसमें पाठकों को भी अपनी मनोदशा की अन्तर्यात्रा के लिए आदर्शवादी सोपान मिलते हैं। इन यात्राओं में पूरा भारत अपनी विविधता में उपस्थित है। दक्षिण से उत्तर और पूरब से पश्चिम का समावेशी भाव, यहाँ ऐसे प्रशान्त जल की तरह हिलोरें लेता है, जिसके दर्पण में हम अपने देश की प्राकृतिक सुषमा का सबसे मनोहारी चेहरा देख सकते हैं।

जब हम यात्रा संस्मरणों की बात करते हैं तो हिन्दी भाषा में हमें अनायास ही, इसके दिग्गज रचनाकारों के लेखों की स्मृतियाँ कौंधती हैं। इनमें राहुल सांकृत्यायन, अज्ञेय, कृष्णनाथ, निर्मल वर्मा और अमृतलाल वेगड़ के लिखे शब्द शिलालेख की तरह हर नये रचनाकार को मील-स्तम्भ की तरह राह दिखाते हैं। यह अपने आप में बेहद आनन्ददायक है कि एक रचनाकार की पहली ही स्मरण-यात्रा, जो उनके अन्तर्जगत् की सूक्ष्मतम भाव-यात्रा भी है, अपनी पूर्वज परम्परा के चौखट में विनम्रतापूर्वक शामिल होती है।

राहुल 'नील' ने अपने स्वभाव के तहत ही एक ऐसी दृष्टि विकसित की है, जो अकसर हमें निर्गुणियों और कलन्दरों के डेरों, गुफाओं और बानियों के पास मिलती है। जहाँ शब्द ही ईश्वर है और उसके आशय, उसकी महत्ता को समझने का प्रेरक तत्त्व... यह सुन्दर ढंग से हर एक लेख में उभरा है, जहाँ रचनाकार दरअसल स्वयं की स्वायत्तता को प्रश्नांकित करता हुआ, उन संशयों को टोहने की कोशिश करता है, जिसका जवाब विभिन्न कालखण्डों में अपने-अपने ढंग से ढेरों रचनाकारों ने पाने की कोशिश की है।

कालिंजर पर लिखते हुए उनका यह वाक्य जैसे सूक्ति बनकर चमकता है—'कई बार यह सच लगता है कि जीवन की पटकथा का हर एक पन्ना पहले से ही लिखा हुआ है। कितने सारे रंगों से इतना रँगा-पुता है कि उस पर कुछ नया लिखना असम्भव-सा होता है। इस सूक्ति में ही उनके यायावर मन को समझने की कुंजी भी छुपी हुई है। मिलान कुन्देरा का यह कथन बरबस याद आता है—साहित्य अपने पर शक़ करना सिखाता है। इसी सन्देह को ध्यान में रखते हुए और नया कुछ न लिख पाने की असम्भव

पुकार ही दरअसल एक सच्चे लेखक की वह साधना है, जब वह पहली बार काग़ज़ पर कुछ अर्थ रखने के लिए रौशनाई का इस्तेमाल करता है। यह कुछ-कुछ वैसी ही सात्विक युक्ति है, जैसे एक शिष्य अपने गुरु के समीप रहते हुए, बरसों की अपनी साधना को साक्षी मानकर, उस्ताद को किसी राग की पहली बन्दिश और आलाप सुनाता है।

'पगडण्डियाँ' ऐसी ही यात्राओं, अनुभवों, अर्जित ज्ञान और स्वयं को समझने का पहला आलाप है, जिसके सारे स्वर अपने आरोह और अवरोह में चकित करते हैं। इन्हें पढ़ते हुए हम एक तैयारी, कभी न थकने वाला मन और उल्लास से भरे हुए एक युवक की बेचैनी को भी पढ़ सकते हैं। एक ऐसा मानवीय पाठ, जिसमें भारत की तमाम प्राकृतिक सम्पदाओं और उनके शहरों का सामाजिक-सांस्कृतिक अवचेतन शामिल है। पूरी किताब ही छोटी-छोटी टीपों में बड़े सरोकारों वाली परिभाषाएँ गढ़ती है। लोक जीवन से निकलकर उसके सांगीतिक और आनुष्ठानिक पक्षों को भी आदर से देखती है। एक ऐसे विनम्र भाव से उन्मीलित, जिसका तर्पण उन जगहों की यात्राओं के बाद ही सम्पूर्णता पाता है।

ये सारे लेख अपनी कथाओं, स्मृतियों, पूर्वज परम्पराओं और शाश्वत की अनुगूंजों को समेटे हुए ऐसा जीवन्त आख्यान बन गये हैं, जिनसे होकर गुज़रना किसी मंगल अनुष्ठान में पवित्रता से सम्मिलित होने जैसा है। उस पर इन संस्मरणों से उठने वाली समरसता की टेर भी देशज अर्थों में कुछ ऐसा सोंधा रच जाती है, जिसकी सुगन्ध बारिश की पहली बूँदों के बाद, अपने आस-पास की माटी को सूंघने पर ही महसूस होती है... मिट्टी के सकोरे में जज़्ब होने वाले जल की तरह या दीवट में तेल और बाती के युग्म से बनने वाली दीपक की लौ का मामला।

स्मृतियों और कल्पनाओं के इस बड़े प्रकाश-वृत्त में रचनाकार आपको सहृदयता से आमन्त्रित करता है, जिसके शब्द-अतिथि बनकर आप श्रेयस का मर्म समझ पाते हैं। स्वयं को शून्य शिखर पर ले जाकर अव्यक्त की पुकार में शामिल कर लेते हैं... यही यात्रा का चरम है और जीवन का मर्म भी...

—यतीन्द्र मिश्र

अनुक्रम

मानव स्वभाव ऐसा ही है, कभी-कभी छोटे से खिलौने से खुश और कभी-कभी बहुत कुछ मिल जायेगा तो भी वीतरागी, पर यहाँ तो हर कोई प्रसन्न ही दिख रहा है। कोई कुछ लेकर खुश, कोई कुछ देखकर खुश और कोई इन दोनों के बीच का सेतु बनकर खुश।

पगडंडियाँ

कई बार यह सच लगता है कि जीवन की पटकथा का हर एक पन्ना, पहले से ही लिखा हुआ है। कितने सारे रंगों से इतना रँगा-पुता है कि उस पर कुछ नया लिखना असम्भव सा लगता है। आपको यह लग रहा होता है कि रंगों और तूलिकाओं पर आपका अधिकार है, लेकिन आप मूक केवल जीवन के कैनवास पर उभरते और बदलते रंगों को देख रहे होते हैं।

बटेसर

पत्थर बोलते हैं

फाल्गुन की यह गुनगुनी-सी सुबह थी। सर्दियों का आलस, मौसम से अभी पूरी तरह से गया नहीं था। हम दोनों मित्र, पिछली रात ही ग्वालियर में एक मित्र के घर आकर ठहर गये थे। ग्वालियर आसपास का सबसे बड़ा शहर है और दिल्ली से यातायात के लिए सुविधाजनक भी। ग्वालियर का भारतीय इतिहास में जो महत्वपूर्ण स्थान है, वह भी इस यात्रा के लिए आधार का काम कर रहा था। यह पूरा क्षेत्र अपनी कोख में न जाने कितनी ही दास्तानें दबाये पड़ा है। हर पत्थर जैसे बीते हुए समय का सबसे बड़ा गवाह बनकर सामने खड़ा हो जाता है।

सुबह-सुबह तीनों की साथ निकलने की योजना बनी।

अगली सुबह हम ग्वालियर से कुछ जल्दी ही निकले कि सरसों के खेतों के बीच कहीं गाड़ी रोककर, ज़रा फुर्सत से सूर्योदय देखेंगे। जब हम निकले तब तक अलसाए, उनींदे बालक की तरह रात, आँखें मलते हुए जगने की कोशिश में लगी थी। धुँधलाए तारे अपनी-अपनी चादरों के कोनों से झाँक रहे थे, रात भर साथ-साथ जागने वाला चाँद नाव पर सवार, क्षितिज के उस पार हो लिया था। अब बची थी तो सूर्योदय से पूर्व की अदीप्त आभा...

महानगर में रहते-रहते सूर्योदय और सूर्यास्त जैसे प्राकृतिक दृश्यों से दूरी अपने आप बन जाती है। बड़ी-बड़ी इमारतों के पीछे से बिना दस्तक दिये उग आने वाला सूरज, जैसे आता है वैसे ही चला भी जाता है। कोई ख़बर नहीं, न आने की न जाने की, वैसे समता का सिद्धान्त भी तो यही है न? न आने का उत्सव और न जाने का शोक... मैं तो बस इतना जानता हूँ कि यह सूरज बहुत

भुलक्कड़ है। उसे बस इतना ही याद रहता है कि सुबह इमारतों के पीछे से बिना नहाए-धोए उठ आना है और शाम को बिना बताए पोटली उठायी और निकल पड़े। एकदम बंजारे-सा सूरज...।

जब क्षितिज सामने हो और सूरज उगने वाला हो तो एक बार लगता है, कोई बेहतरीन कलाकार कूची लेकर आ बैठा है, जो पूरी कुशलता से सामने फैले नीले कैनवास को रँग देना चाहता है। लाल रंग के इतने शेड्स शायद ही आपको देखने को मिले। पीले रंग से लेकर गहरे लाल रंग तक, सब रंग आँखों से ऐसे गुज़रते हैं, जैसे कोई सपना आये और अचानक-से उड़ जाये।

मेरे सिर के पीछे से सैकड़ों चिड़िया एक साथ निकलीं, चहचहाहट से पूरा आसमान भर गया। अरे! इन्हें कौन डाकिया चिट्ठी दे आया कि सूरज उगने वाला है, कौन होगा इतना माहिर डाकिया? चिड़ियों की उस मीठी आवाज़ से आकाश भर गया, जैसे कोई मन्त्र भीतर की रिक्तता को भर जाता है, जैसे किसी मन्दिर की घंटियों के स्वर वातावरण को भर देते हैं। कितना पवित्र है सब कुछ सैकड़ों चिड़ियाँ इस आसमान से गुजर गयीं, आसमान फिर भी उतना ही पवित्र, साफ़ और स्वच्छ है। और कहीं से सौ लोग गुज़र जायें तो वहाँ इतनी पवित्रता क्यों नहीं होती?

गेहूँ और सरसों के खेतों के बीच एक पतली सड़क और दूर एक छोटी सी पहाड़ी के पीछे क्षितिज से धीरे-धीरे ऊपर उठता सूरज जैसे उगने के अपने नियमों से बँधा हो...

हम गाड़ी से बाहर उतरे; सामने से आग का गोला-सा क्षितिज से उठा। एक पल भी नज़र हटी और करोड़ों दृश्यों को देखने से आप चूक जायँगे। इन दिनों भरपूर ओस पड़ती है। सूरज की पहली किरण जैसे ही गेहूँ के पौधे पर पड़ी तो जैसे एक साथ सैकड़ों सूर्य रश्मियाँ चहक उठीं। उस पहली लाल किरण ने ज़ोर-से पीले सरसों के फूल का आलिंगन किया तो जैसे पीला और लाल मिलकर नारंगी हो गये। एक नारंगी भ्रम!

सामने का पूरा आसमान, नारंगी रंग में रँगा था, और बाक़ि नीला इतना साफ़ नीला था कि मुझे यह बात सच लगी कि आसमान के उस पार कुछ भी नहीं। अगर कुछ होता तो उस दिन दिख गया होता। सूरज और पहाड़ी के बीच के बादलों के कोने आग से चमक रहे थे। मुझे लगा कि कोई शरारती

पहाड़ी बालक, कहीं इन बादलों में आग तो नहीं लगा आया चुपके-से, और ये बेख़बर बस तैर रहे हैं इधर से उधर, आदमी की तरह, जिसके भीतर न जाने कितना कुछ जल रहा होता है और वो फिर भी भाग रहा होता है, कहीं और किसी और आग के पीछे। जैसे ये बादल अपनी आग से बेपरवाह बहे चले जा रहे थे, सूरज की तरफ़ और सूरज भी इतना ही बेपरवाह चला जा रहा है, आसमान की तरफ। सूरज, पहाड़ी के बिलकुल सिर पर जा खड़ा हुआ, मानो अधिकार हो गया है उसका, इस समूची सृष्टि पर। एक गर्वीले राजा की तरह, जिसके अश्वों ने निर्विरोध दसों दिशाओं को जीत लिया हो।

सूरज पूरा क्षितिज के ऊपर आया और एक पल को ठहर गया, जैसे मछली पकड़ने वाले काँटे से सूरज को पकड़ लिया हो किसी ने...

हम बढ़ चले, सूरज अपने रस्ते और हम अपने...

वैसे इतना भी आसन नहीं होता, अपने-अपने रस्ते चल देना, और 'ऐसे ही' चल देना तो ज़्यादा ही मुश्किल होता है।

मैं बार-बार खिड़की से बाहर सूरज को देख रहा था; कैसे रंग बदलता है रे...

सड़क पर आवाजाही शुरू हो गयी थी; कई लोगों से पूछा कि मितावली जाना है; किसी को नहीं पता।

चौंसठ योगिनियों का मन्दिर?

किसी को नहीं पता।

आगे पूछने पर एक बुज़ुर्ग ने कहा, "उ चम्बल की संसद"

चम्बल की संसद????

नहीं-नहीं! वो संसद भवन जैसा मन्दिर!!

जी भई; निर्भय गुज्जर को इलाको रहो है गे। भई पहाड़ी पे संसद बैठत हती बा की।

...अगलो गाम पार करिके, दाएँ मुड़िके, सीदे जइयो भई, पहुँच जाओगे!

डाकुओं की संसद! हम तीनों साथी एक-दूसरे का मुँह देख रहे थे। कुछ पल पहले तक मैं जिस प्राकृतिक सुन्दरता को भीतर तक जी रहा था, एक पल में जैसे सब बिखर गया! ये तो किसी ने नहीं कहा था अभी तक; डाकुओं की संसद...।

पर अब जिज्ञासा और बढ़ गयी थी।

अब दूर; समतल ज़मीन के बीच में, ज़मीन से उठती हुई पहाड़ी और उस पर कोई गोल आकृति, हम उसी ओर बढ़ रहे थे। सूरज पहाड़ी के ऊपर उठ चुका था, जैसे अपनी पूरी रौशनी के साथ उस पहाड़ी को जगमगाना चाहता हो कि हम सब-सब कुछ साफ़ साफ़ देख सकें। मैं यही सोच रहा था कि आगरा, मथुरा और ग्वालियर तो भारी संख्या में पर्यटक आते हैं, फिर यह क्षेत्र इतना अछूता क्यों है?

मितावली, पदावली और बटेसर का यह त्रिकोण, जिसका सांस्कृतिक इतिहास एवं वास्तुकला अपने आप में बेजोड़ है। चम्बल का यह क्षेत्र केवल डकैतों के लिए प्रसिद्ध नहीं है, यहाँ केवल मृत बीहड़ों की भयावहता नहीं है बल्कि चम्बल नदी के किनारे-किनारे एक जीवन्त संस्कृति साँस लेती है, जिस पर भारत को गर्व होना चाहिए। भारत के इतिहास में संघर्ष के लगभग आठ सौ वर्षों में हमने बहुत कुछ खोया है और आज़ादी के बाद भी अपनी धरोहरों, अपने इतिहास और अपनी परम्पराओं के मामले में कितने कंगाल हो गये हैं हम।

बातचीत का सिलसिला चल रहा था, साथ के मित्रों में एक इतिहास का शोधार्थी भी था, सार कुछ यूँ निकल कर सामने आया-

मुरैना शहर से उत्तर-पूर्व दिशा में करीब 20 किलोमीटर दूर, सिहोनिया गाँव में आठवीं सदी का ककनमठ मन्दिर है। ककनमठ मन्दिर अब जीर्ण अवस्था में है, लेकिन ऐसा कहा जाता है कि यह मन्दिर, खजुराहो के कन्दारिया महादेव मन्दिर से भी विशाल रहा होगा।`

ककनमठ मन्दिर से पश्चिम की दिशा में करीब 30 किलोमीटर की दूरी पर मितावली का यह चौंसठ योगिनी मन्दिर स्थित है।

इस पूरे क्षेत्र एवं इन स्थानों के बारे में अनेक किंवदन्तियाँ प्रचलित हैं। कोई इसे तन्त्र विद्या का विश्वविद्यालय बताता है, कोई चौंसठ योगिनियों का मन्दिर, कोई इसे चम्बल की संसद कहता है और कोई प्रेतात्माओं का अड्डा। लेकिन जो भी है, यह अकल्पनीय है, दूर से देखने पर ही लगता है कि कैसे इस पहाड़ी पर सैकड़ों साल पहले यह निर्माण हुआ होगा। इस

स्थान के चयन के पीछे क्या विशेष कारण रहे होंगे? इस मन्दिर की वास्तु के पीछे क्या वैज्ञानिक कारण रहे होंगे; प्रश्न बहुत थे और उत्तर कोई नहीं। शायद मन्दिर को देखने पर कुछ प्रश्नों के उत्तर मिल सकें।

यही सब सोचते-सोचते हम मितावली गाँव जा पहुँचे; गाड़ी से उतरते ही एक छोटा-सा प्रवेश-द्वार आपका स्वागत करता है। प्रवेश-द्वार के आस-पास बहुत सारी विखण्डित मूर्तियाँ, शिलाखण्ड पड़े दिखते हैं। ध्यान से देखने पर लगता है कि यह सब तो ख़ज़ाना है, अमूल्य ख़ज़ाना, हालाँकि खण्डित मूर्तियों की स्थिति ऐसी नहीं है कि पहचानी जा सकें। मुझे कभी किसी ने कहा था कि मध्यकाल में मुग़ल आक्रान्ता अगर पूरी तरह से मन्दिरों को नष्ट कर पाये तो केवल मूर्तियों को विखण्डित कर दिया, जिससे कि हिन्दू समाज उन मूर्तियों की पूजा न कर सके। हिन्दू समाज में विखण्डित मूर्ति की पूजा निषेध है।

इन मूर्तियों को ध्यान से देखने पर उनके पुरातन वैभव का एहसास तुरन्त होता है और गाँव वाले इस बात से लगभग अनभिज्ञ।

गाँव के बीच से होते हुए पहाड़ी के तल में पहुँचते हैं, जहाँ से सीढ़ियाँ शुरू होती हैं। निर्लिप्त भाव से नीचे के लोगों को ऊपर और ऊपर के लोगों को नीचे लाने वाली सीढ़ियाँ।

दो बालक साथ हो लिए, दस-ग्यारह साल के बालक, तेज़ी से सीढ़ियाँ चढ़ते हैं, बचपन का अभ्यास ख़ूब दिखता है।

स्कूल नहीं जाना।

उत्तर में एक निश्चल हँसी। हमसे आगे निकलने की होड़, तेज़ी से आगे निकल गये।

आख़िरी सीढ़ी पार करते ही आँखों को जो दिखता है, उस पर स्वयं आँखों को ही विश्वास नहीं होता, आँखों देखे को मन मानने को तैयार नहीं होता। एक पल को लगा जैसे किसी जादूगर ने दिल्ली के संसद भवन को जादू से छोटा करके इस पहाड़ी पर लाकर रख दिया हो।

सदियों पुराने इस मन्दिर को आप देखते ही आश्चर्य से भर जाते हैं। ज़मीन से करीब तीन सौ फिट ऊँचाई पर एक पहाड़ी पर बने इस गोलाकार शिवमन्दिर को देखकर आपको भारत में वास्तु ज्ञान के चरम के दर्शन होते

हैं। मितावली में इकंतेश्वर महादेव मन्दिर के नाम से भी पहचाने जाने वाला यह चौंसठ योगिनी शिव मन्दिर, हू-ब-हू हमारी संसद के जैसा दिखता है। नौवीं सदी में इस शिवमन्दिर का निर्माण तत्कालीन प्रतिहार राजवंश के राजा ने कराया था। मन्दिर के निर्माण में लाल-भूरे बलुआ पत्थरों का उपयोग किया गया है, जो मितावली के आस-पास ही बहुतायत पाया जाता है।

आमतौर पर ऐसी मन्दिर संरचना आपको देखने को नहीं मिलती है। यहाँ मन्दिर के बिलकुल बीच में एक गोलाकार शिव मन्दिर है, जिसके प्रवेश पर आपको एक शिलालेख भी मिलता है। बीच में प्रतिस्थापित एक बड़ा शिवलिंग। इस गोलकार मन्दिर के चारों ओर चौंसठ कोठरियाँ हैं, प्रत्येक कोठरी में एक-एक शिवलिंग है। इन कोठरियों में कभी भगवान् शिव के साथ योगिनियों की मूर्तियाँ भी अवस्थित रही होंगीं। पता चला कि इन योगिनियों की कई मूर्तियाँ ग्वालियर संग्रहालय में सुरक्षित हैं और कुछ भोपाल में।

ऐसा कहा जाता है कि माँ काली ने घोर नामक दैत्य का वध करने के लिए इन्हीं सभी रूपों में अवतार लिए थे। इसके अलावा, यह भी कहा जाता है कि ये सभी योगिनियाँ माता पार्वती की सखियाँ हैं।

चौंसठ योगिनियों को लेकर कुछ लोगों का मानना है कि योगिनियों का सम्बन्ध काली कुल से है और ये सभी तन्त्र तथा योग विद्या से घनिष्ठ सम्बन्ध रखती हैं। चौंसठ योगिनी का उल्लेख पुराणों में मिलता है, जिनकी अलग-अलग कहानियाँ हैं।

मैंने बाद में कहीं यह भी पढ़ा, 'ब्रह्मवैवर्त पुराण' में भी इन योगिनियों का वर्णन है, लेकिन इस पुराण के अनुसार ये चौंसठ योगिनियाँ कृष्ण की नासिका के छेद से प्रगट हुई हैं। इनकी संख्या चौंसठ होने के पीछे भी कुछ तथ्य हैं। स्त्री के बिना पुरुष अधूरा है, वहीं पुरुष के बिना स्त्री अधूरी है। एक सम्पूर्ण पुरुष बत्तीस गुणों से युक्त होता है, वहीं एक सम्पूर्ण स्त्री भी बत्तीस गुणों से युक्त होती है। दोनों के मिलन से बनते हैं चौंसठ तो ये माना जा सकता है, चौंसठ योगिनियाँ शिव और शक्ति, जो सम्पूर्ण कलाओं से संयुक्त हैं, उनके मिलन से प्रगट हुई हैं।

चौंसठ योगिनियों की पूजा करने से सभी देवियों की पूजा हो जाती है।

इन चौंसठ देवियों में से दस महाविद्याएँ और सिद्ध विद्याओं की भी गणना की जाती है। ये सभी आद्या शक्ति काली के ही भिन्न-भिन्न अवतार रूप हैं।

हर दिशा में आठ योगिनियाँ फैली हुई हैं, हर योगिनी के लिए एक सहायक योगिनी है, इस हिसाब से हर दिशा में सोलह योगिनियाँ हुईं तो चारों दिशाओं में 16 × 4 = 64 योगिनी हुईं। चौंसठ योगिनियाँ, चौंसठ तन्त्र की अधिष्ठात्री देवी मानी जाती हैं। एक देवी की भी कृपा हो जायेगी तो उससे सम्बन्धित तन्त्र की सिद्धि मानी जाती है।

इनमें से कुछ बातें हमें उस बालक ने ही बताईं, जो हमारे साथ नीचे गाँव से आया था और कुछ नीचे गाँव वालों ने। उस बालक का नाम मुकुल, पास के गाँव के जूनियर स्कूल में पढ़ता है, बातों में तेज और जानकारी में भी। दूसरा छोटा लड़का ज़्यादा नहीं बोलता, बस मुस्कुराता रहता है।

मुख्य मन्दिर में एक सौ एक खम्भे कतारबद्ध खड़े हैं, जो संसद भवन के गलियारे की याद दिलाते हैं। केवल अन्तर इतना है कि संसद में खम्भे एवं गलियारे बाहर की ओर हैं और मितावली मन्दिर में अन्दर की ओर। स्थानीय लोग कहते हैं कि प्राचीन समय में मन्दिर में तान्त्रिक साधना की जाती थी एवं यह स्थान तान्त्रिक अनुष्ठान का बड़ा केन्द्र था। वह बड़ा लड़का मुकुल कहता है कि अभी भी गाँव का कोई भी व्यक्ति दिन ढलने के बाद इस मन्दिर में नहीं जाता।

गाँव के कुछ छोटे-छोटे बालक भी मन्दिर तक चढ़ आये हैं, अपनी बोली में हमें बहुत कुछ बताना चाहते हैं। मन्दिर की बाहरी दीवार में अनेक मूर्तियाँ दिखती हैं, लेकिन विखण्डित। मैंने बस बात करने के लिए एक बालक से कहा, ये मूर्तियाँ क्यों तोड़ीं तुमने?

बालक कहते हैं, "पता नहीं किसने तोड़ी हैं, हमने नहीं तोड़ीं। हमारे पापा बता रहे थे कि इ तो उनके पिताजी के पिताजी सो भी पुरानो है, तबहीं किसी ने तोड़ी होगी।" इतना कहकर तेज़ी से सीढ़ियों से नीचे की ओर भागा, गज़ब की तेज़ी। रोज़ के अभ्यासी बालक, उनकी तो ये क्रीड़ाभूमि है, आनन्द भूमि।

आनन्द भूमि तो है, सच में - पहाड़ी की चोटी से दूर-दूर तक हरे, पीले खेत ही खेत दिखते हैं, एक ऐसा लैंडस्केप जो बस दो रंगों में सिमट गया है।

दूर कहीं चम्बल बह रही है, निश्छल और प्रवहमान ऐसा लगता है कि बहती हुई चम्बल और मितावली के इस मन्दिर के बीच कोई अवरोध नहीं। चम्बल अपने आराध्य शिव को जब चाहे देख सके और शिव चम्बल को जब चाहे अपनी आँखों में उतार सकें। स्नेह का कैसा बन्धन है यह, सुगम और सरस...

यहाँ तो घण्टों बैठा जा सकता है। कई बार ऐसा होता है, जब आप बस अपने साथ होना चाहते हैं, अपने और अपने बीच में कोई नहीं, जैसे शिव और चम्बल के बीच कोई नहीं। यहाँ आकर ऐसा ही लग रहा था कि मैं बस अपने साथ था। समय के झरने से कितना पानी बह गया, पता ही नहीं चला। सूरज अब सर पर चमक रहा था, लेकिन मेरी आँखों का विस्मय कम होने का नाम नहीं ले रहा था।

और फिर से वही निर्लिप्त सीढ़ियाँ...

यहाँ तक पहुँचने में पर्यटकों को थोड़ी मुश्किल का सामना ज़रूर करना पड़ता है, लेकिन यहाँ आने के बाद उन्हें महसूस होगा कि यदि वे इस मन्दिर को न देखते तो देखने के लिए बहुत कुछ छूट जाता। हम नीचे उतर आते हैं लेकिन मितावली न आँखों से उतरता है और न ही मन से। इस निर्माण के पीछे की पूरी कहानी काश कोई आज साक्षात् सुना पाता तो समझ आता कि किस मनोभाव से यहाँ सुन्दर निर्माण किया गया होगा। कल्पना करने वाले और इसे मूर्त्तरूप देने वाले अपने पूर्वजों के लिए मन नत होता है।

मितावली से दक्षिण-पश्चिम दिशा में करीब चार किलोमीटर आगे बढ़ने पर पदावली आता है। पदावली देखने में बाहर से एक टूटी-फूटी गढ़ी (छोटा क़िला) जैसी लगती है। प्रवेश-द्वार पर बैठे सिंह, द्वारपालों की भूमिका में दिखते हैं। पदावली के बाहर ही भारतीय पुरातत्व सर्वेक्षण ने एक पत्थर पर लिखवाया है-

'गढ़ी पड़ावली के इस देवालय में मूलरूप से गर्भगृह एवं एक मण्डप का ही समावेश था, जिसमें वर्तमान में केवल प्रवेश-द्वार पर स्थित मुख्य मण्डप ही शेष रह गया है। मन्दिर के अवशेषों में प्राप्त एक विशाल नन्दी की प्रतिमा से ऐसा प्रतीत होता है कि ऊँचे अधिष्ठान पर निर्मित यह एक शिव मन्दिर था। मन्दिर के अन्तः भाग में दीवारों पर हिन्दू देवी-देवताओं की प्रतिमाएँ उत्कीर्ण

हैं, जिनमें ब्रह्मा, विष्णु, महेश, सूर्य, गणेश, काली एवं विष्णु के अवतारों का अंकन प्रमुख है।'

इसके अतिरिक्त दीवारों पर 'भागवत्', 'रामायण' एवं पुराणों से सम्बन्धित प्रतिमाओं को उत्कीर्ण किया गया है, जो प्राचीन काल की कला एवं संस्कृति को प्रतिबिम्बित करती हैं। मन्दिर कला के विभिन्न लक्षणों के अध्ययन से ऐसा प्रतीत होता है कि इसका निर्माण दसवीं सदी में किया गया था। कालान्तर में इस मन्दिर को गोहद के जाट राणाओं द्वारा गढ़ी में परिवर्तित कर दिया गया है।

मन्दिर के मण्डप की चार दीवारों पर चार युगों, सत्युग, त्रेतायुग, द्वापरयुग और कलयुग में मनुष्य की प्रवृत्ति को मूर्तियों के द्वारा विभिन्न कथाओं के माध्यम से दिखाने का प्रयास किया गया है।

यह कैसी नक्काशी है छत पर, असम्भव... असम्भव!

पूरे के पूरे महाकाव्य उकेरे गये हैं। मूर्तियों का इतना सघन काम कम ही देखने को मिलता है, जैसे किसी घने वन में ख़ूबसूरती से तराशी हुई मूर्तियाँ उग आयी हैं। इतनी सजीव! जैसे अभी ये मूर्तियाँ उतरकर अपनी-अपनी कहानियाँ सुनाने बैठ जायेंगीं। कहानियाँ बनने की, सँवरने और फिर बिखरने की कहानियाँ। दीवारों का तो एकबारगी समझ में भी आता है, लेकिन छत पर इतनी महीन कारीगरी... बिना साधना के यह असम्भव है, वर्षों की सतत् साधना का ही यह प्रतिफल हो सकता है। कला की साधना के बिना यह साध्य असम्भव है। अपने पूर्वजों से यह साधना, धैर्य, निष्ठा और कार्य के प्रति समर्पण हमें सीखना चाहिये।

सूरज अब अपनी तय पगडण्डी पर नीचे की ओर सरकने लगा था, जैसे पतंग की डोर पकड़कर खींचता हो, वैसे ही सूरज धीरे-धीरे नीचे उतर रहा है। हम भी बटेसर की ओर बढ़ चले, वह स्थान जिसके बारे में सुना, बहुत कुछ था, आज देखना भी है... इसी कौतुहल में हम बटेसर पहुँच गये।

दूर से मन्दिरों की एक अनुशासित कतार दिखती है... इतने मन्दिर एक साथ... इस बीहड़ में, चारों तरफ पहाड़ियों में खदान का काम चल रहा है।

मुरैना से लगभग पच्चीस किलोमीटर दूर चम्बल के बीहड़ों में 'बटेसर'

स्थित है, जहाँ आठवीं से दसवीं शताब्दी के बीच गुर्जर-प्रतिहार वंशों द्वारा करीब एक ही जगह पर दो सौ मन्दिरों का निर्माण किया गया था। माना जाता है कि भगवान् शिव और विष्णु को समर्पित ये मन्दिर खजुराहो से भी तीन सौ वर्ष पूर्व बने थे। बटेसर के आसपास के इलाक़े हमेशा से डाकुओं के आतंक की वजह से चर्चाओं में रहते थे, इन मन्दिरों से भी ज़्यादा।

इस यात्रा के लगभग दो वर्षों बाद मैंने पुरातत्ववेत्ता श्री केके. मुहम्मद (जिन्होंने बटेसर के मन्दिर समूह का पुनर्निर्माण किया) से ही इन मन्दिरों के पुनर्निर्माण की कहानी सुनी थी। उन्होंने कहा कि पहली बार बटेसर के धराशायी हुए मन्दिरों को देखकर मुझे बहुत दुःख हुआ था।

उस समय भारतीय पुरातत्व विभाग में अहम ज़िम्मेदारी सम्भाल रहे मुहम्मद साहब ने यहाँ के मन्दिरों को पुनर्जीवित करने का पक्का मन बना लिया था। प्राचीन मन्दिरों की ऐसी दशा? एकदम शुरुआत में, एक दिन उनके साथ एक घटना हुई। के.के. मुहम्मद के मुताबिक, जब पुनर्निर्माण का कार्य शुरू होने वाला था तो पहाड़ी के ऊपर के एक मन्दिर में एक व्यक्ति उन्हें मिला, जो वहाँ बैठकर बीड़ी पी रहा था। यह देखकर मुहम्मद साहब को गुस्सा आया और उन्होंने उस व्यक्ति से कहा, "तुम्हें पता है कि यह पवित्र मन्दिरों का परिसर है और तुम यहाँ बैठकर बीड़ी पी रहे हो?"

वे उस व्यक्ति को वहाँ से निकालने का इरादा करके उसकी तरफ बढ़ ही रहे थे, तभी उनके विभाग के एक अधिकारी ने पीछे से आकर उनको पकड़ लिया और बीड़ी पीने वाले व्यक्ति की तरफ इशारा करके बोला, "अरे! आप इन सर को नहीं जानते हैं, इन्हें पीने दीजिये।"

के.के. मुहम्मद को यह समझते हुए देर नहीं लगी कि ये निर्भय सिंह गुर्जर हैं, प्रसिद्ध डाकू, जिसका आतंक आसपास के इलाकों में फैला हुआ है। वे बताते हैं, "मैं उसके पास ही बैठ गया और उसे समझाने लगा कि एक समय था, जब आपके ही वंशजों ने इन मन्दिरों को बनवाया था और अगर आज आपके ही पूर्वजों की इन अनमोल धरोहर और मूर्तियों को अभी भी न बचाया गया तो समय के साथ इनका वजूद मिट जायेगा। क्या आप इनके पुनर्निर्माण में हमारी मदद नहीं करेंगे?"

निर्भय गुर्जर के.के. मुहम्मद की बातों से बेहद प्रभावित हुआ। उसे उनकी बात समझ में आ गयी और उसने इन मन्दिरों के पुनर्निर्माण में अपना पूरा सहयोग दिया, जिससे बटेसर के मन्दिरों को नया जीवन मिला और देश की धरोहर को वक़्त रहते संजो लिया गया और के. के. मुहम्मद बिना किसी लोक-प्रसिद्धि के इस मक़सद में लगे रहे।

यह स्थान बटेसर के रूप में जाना जाता है। मन्दिरों के बटेसर समूह ग्वालियर के उत्तर में पैंतीस किलोमीटर और मध्य प्रदेश में मुरैना से लगभग तीस किलोमीटर पूर्व में स्थित हैं। चम्बल नदी की घाटी के घने जंगलों के भीतर एक प्राकृतिक क्षेत्र में स्थापित, यह लगभग पच्चीस एकड़ का स्थल उन सबसे आश्चर्यजनक पुरातात्विक स्थलों में से एक है, जिसे मैंने देखा है।

शिव, विष्णु और शक्ति को समर्पित लगभग दो सौ मन्दिरों का यह समूह गुर्जर-प्रतिहार वंश द्वारा बनाया गया था। जब 1882 में अलेक्ज़ेंडर कनिंघम ने बटेसर का दौरा किया तो उन्होंने यह रिकॉर्ड किया था: यह अनुमान लगाना कि वास्तव में यहाँ कितने मन्दिर हैं, यह बहुत ही कठिन था, क्योंकि उनके समय में यह स्थल पूरी तरह से खंडहर था। चारों ओर पत्थर, मूर्तियाँ और मलबा बिखरा पड़ा है।

हमें नहीं पता कि ये मन्दिर कैसे बर्बाद हो गये। आक्रमणकारियों से नुकसान के कोई स्पष्ट सबूत नहीं हैं। वर्तमान सिद्धान्त यह है कि 13वीं शताब्दी के बाद के भूकम्प ने परिसर को पूरी तरह से नष्ट कर दिया। 1924 से भारतीय पुरातत्व सर्वेक्षण ने इस स्थल को संरक्षण में रखा और अगले 81 वर्षों तक यह परिसर एक खण्डहर के रूप में दर्ज़ रहा।

फिर 2005 में सब कुछ बदल गया और बटेसर का पुनर्जन्म हुआ। पुरातत्वविद् के. के. मुहम्मद, (ए.एस.आयी. भोपाल के क्षेत्रीय अधीक्षक) द्वारा पत्थरों एवं अवशेषों को इकट्ठा करने और यथासम्भव मन्दिरों को पुनर्स्थापित करने का प्रयास करने के लिए एक महत्वाकांक्षी परियोजना शुरू की गयी थी। यह कल्पना करना भी मुश्किल है कि यह कार्य कितना जटिल रहा होगा, लेकिन परिणाम...

इसे भारतीय इतिहास में सबसे संवेदनशील पुरातात्विक पुनर्निर्माण परियोजनाओं में से एक के रूप में जाना जाता है।

विडम्बना यह है कि चम्बल घाटी में डकैतों की मौजूदगी ने एक तरह से बटेसर को बचाने में मदद भी की। हालाँकि यह स्थल काफ़ी प्रसिद्ध था, लेकिन इस क्षेत्र को इतना ख़तरनाक माना जाता था कि कोई भी मन्दिर की मूर्तियों को, मन्दिर परिसर से बाहर निकालने का प्रयास नहीं करता था।

दुर्भाग्य से, ASI के सामने आने वाली चुनौतियाँ नहीं रुकीं। यद्यपि यह क्षेत्र डकैतों से मुक्त हो गया, बटेसर मन्दिर परिसर फिर अवैध खनन से ख़तरे में आ गया। पत्थर के निर्माण को हटाने में मदद के लिए पास की खदानों में बारूद का उपयोग किया जा रहा था, जिसके परिणामस्वरूप छोटे-छोटे भूकम्प के समान कम्पनों से एक बार फिर ये मन्दिर ख़तरे में थे। मध्य प्रदेश सरकार के सहयोग से धीरे-धीरे यह खनन बन्द हुआ और तेज़ी से मन्दिरों के निर्माण की प्रक्रिया आरम्भ हुई।

बटेसर आज खंडहरों के बिखराव के बीच स्थापित प्राचीन छोटे मन्दिरों का एक आकर्षक मिश्रण है, यह इस तरह का एक शानदार दृश्य है। खम्भे, फलक और मूर्तियाँ आपके चारों ओर हर जगह बिखरी पड़ी हैं, जो आगे अपने नियत स्थान पर अवस्थित होने की बाट जोह ही हैं। चारों ओर बिखरी मूर्तियाँ और अवशेष ऐसे बिखरे पड़े हैं, जैसे कि किसी किसान ने तैयार खेत में बीज बिखेर दिये हों।

मुझे अचानक अहिल्या के पत्थर से प्राण-प्रतिष्ठा की कहानी याद आ गयी, यहाँ तो कितने ही पत्थरों को उबारा गया है, कितनी प्रतिष्ठित अहिल्याएँ...

केवल अन्दाज़ा ही लगाया जा सकता है कि जब सारे मन्दिर के अवशेष ज़मीन पर बिखरे पड़े होंगे तो क्या दृश्य रहा होगा? पत्थरों का कोई जंगल जैसा रहा होगा या मन्दिरों का कोई नगर...

सिन्दूर के साथ लाल रंग में रँगी हुई हनुमान प्रतिमा को आज भी स्थानीय लोगों द्वारा पूजा जाता है। मन्दिरों के बीच में एक बावड़ी को सुरक्षित कर दिया गया है, जो स्वच्छ पानी से लबालब रहती है। कहीं शिव-पार्वती विवाह का दृश्य किसी शिला पर है तो कहीं बलराम अपने हल से किसी असुर का वध कर रहे हैं। कैसे-कैसे दुर्लभ कथ्य, कथाएँ और कथानक पत्थरों पर उकेरे गये हैं। भारत का समृद्ध पौराणिक इतिहास आँखों ने सामने बिखरा पड़ा है।

कुछ मन्दिरों में कीर्ति-मुख पर नटराज उपस्थित हैं। कल्याण-सुन्दरम् की कथा, शिव और पार्वती का विवाह, ब्रह्मा विष्णु के सान्निध्य में और दूसरे देवताओं की मूर्तियाँ, भगवत् पुराण जैसे कृष्ण लीला के दृश्यों की मूर्तियाँ चारों ओर दिखती हैं। बटेसर मन्दिर परिसर में कई दिलचस्प लिंटेल हैं, जैसे नवग्रह, वैष्णववाद परम्परा के दशावतार (विष्णु के दस अवतार), सप्तमात्रिका के खण्ड।

मन्दिरों को मूल आकार में लाना पुरातत्व विभाग के लिए चुनौतीपूर्ण कार्य था। मन्दिर के अलग-अलग हिस्से यहाँ-वहाँ बिखरे पड़े थे। एक-एक हिस्से को ढूँढ़ना बेहद मुश्किल काम था, पत्थरों की भाषा को समझने में माहिर के. के. मोहम्मद ने निर्देशन में यह मुश्किल और रोचक काम ठीक गति से आगे बढ़ने लगा। नागर शैली में बने ये मन्दिर अपने आप में जीते-जागते आश्चर्य हैं। छठी शताब्दी पूर्व और बाद में नागर शैली के मन्दिरों में भी कुछ बदलाव आये हैं।

यहाँ काम कर रहे एक और अधिकारी ने बताया कि इन मन्दिरों को खड़ा करने में हमारी सबसे अधिक मदद जिसने की है, वह है भारत की अति वैज्ञानिक वास्तु शैलियाँ, यहाँ के अवशेषों से यह तो ज्ञात हो ही गया था कि ये नागर शैली के मन्दिर रहे होंगे उसी अधिकारी ने विस्तार से इस वास्तु शैली के बारे में बताया कि नागर शैली के मन्दिर मुख्यत: नीचे से ऊपर तक आयताकार होते हैं। इन मन्दिरों का निर्माण ऊँची वेदी (चबूतरे) पर किया जाता था। इनका गर्भगृह वर्गाकार होता है, जिसके ऊपर वक्राकार शिखर उपस्थित होता है, जिसे रेखीय/नागर/आर्य शिखर कहते हैं।

मन्दिर में शिखर अपनी ऊँचाई के क्रम में ऊपर की ओर पतला होता जाता है। शिखर सामान्यत: तीन प्रकार के, रेखा प्रसाद, फ़मसाना तथा वल्लभी होते थे। गर्भगृह के चारों ओर अन्तराल विद्यमान होता है, जो प्रदक्षिणा पथ कहलाता है, जो आमतौर पर छत से ढका हुआ होता था। कुछ नागर मन्दिरों का निर्माण पंचायतन शैली में किया गया था। इसके अन्तर्गत, मुख्य देवता का मन्दिर बीच में (भव्य तथा बड़ा) होता था तथा मुख्य मन्दिर के चारों कोनों पर चार छोटे-छोटे सहायक देवी-देवताओं के मन्दिर बनाए जाते थे। साथ ही, मुख्य देवता के मन्दिर के सामने मण्डप (सभाकक्ष) स्थित होता था।

नागर मन्दिरों में ताखा (आला) बनाकर उसमें अनेक प्रकार की मूर्तियों का निर्माण किया जाता था। ये मूर्तियाँ देवी-देवताओं, सामान्य स्त्री-पुरुष, नाग, अप्सराएँ, मिथुन आदि से सम्बन्धित होती थीं, जैसे-कोणार्क मन्दिर (ओडिशा), कन्दारिया महादेव (खजुराहो) आदि।

मन्दिर परिसर चारदीवारी से घिरा नहीं होता था तथा प्रवेश-द्वार भी नहीं होते थे और द्वार मण्डपों के निर्माण में स्तम्भों का प्रयोग किया जाता था। कितना अभूतपूर्व है यह सब?

एक-एक पत्थर को जोड़कर विरासत को जीवित किया गया। एक-एक पत्थर को जोड़कर देखा गया कि यह उसी मन्दिर के उसी भाग का हिस्सा है या नहीं। और ऐसे एक-दो फिर पूरे चालीस मन्दिर अपने पुराने आकार में खड़े हो गये। समय को किसी मज़बूत इरादों वाले पहलवान ने पटखनी दी हो, जैसे। ज़मींदोज़ इतिहास को वर्तमान में लाने के लिए बटेसर में काम अब भी जारी है। यहाँ एक-एक पत्थर अपने आप में एक-एक गाथा है।

समय कैसे गुज़र रहा था, समझ ही नहीं आया। इस स्थान को देखने के लिए तो महीना भी कम पड़ जाये। चारों ओर से कोयल, मोर और अनेक पक्षियों की आवाज़ें इस पूरे परिसर को आध्यात्मिकता से भर रही थीं।

हम सभी ने कभी-न-कभी फ़ीनिक्स पंछी की कहानी सुनी है, जिसमें फ़ीनिक्स पक्षी के बारे में कहा जाता है कि वह अपनी ही राख से फिर जी उठता है। यह कहानी भी वैसी ही है, अपने ही अवशेषों से पुनः खड़ा हुआ इतिहास...

शृंखलाबद्ध खड़े, क़रीब आधा सैंकड़ा मन्दिरों का समूह ही जब प्रखरता के साथ अपनी विरासत की कहानी बयान करता है, बस आपको एक मूक, सावधान और सचेत दर्शक बनना पड़ेगा। जिस दिन से सारे पत्थर ज़मीन से उठकर मन्दिरों के विमान आसमान से बातें करेंगे तो सोचिए दो सौ मन्दिरों का समूह कैसे भारतीय संस्कृति, सभ्यता और विरासत का परचम पूरी दुनिया में लहराएगा?

एक बार इस परिसर में कोई आये तो फिर बाहर जाने का मन नहीं होता... पर जाना तो सबको है अपने-अपने रस्ते... जैसे सुबह सूरज निकल गया था, अपने रस्ते, अरे! अब फिर निकल लिया...

रंग गहराने लगे जंगलों के, घास के, पहाड़ की उस ऊपरी लकीर का रंग, जो उसे आसमान से अलग करती है। मैं विचार शून्य हूँ। सूरज को देख रहा हूँ, जैसे अभी और जीना चाहता है। अन्तिम समय में भी जीवन भर की सुख सन्तुष्टि के चिन्ह साफ़-साफ़ उसके चेहरे पर हैं, साफ़-साफ़, और बादलों से आख़िरी बात करना चाहता है। जैसे सबसे बेहतरीन दोस्त से दूर जाने से पहले, कुछ कहना चाहता हो।

अचानक कहाँ गया सूरज, आत्महत्या या नियति? आसमान और गहराया तो नारंगी से सुर्ख़ सिन्दूरी हो गया। मैं वहीं बैठ जाता हूँ, देखना चाहता हूँ, वो जीवन के चिन्ह, जो जहाँ-तहाँ बिखरे पड़े हैं। सोचता हूँ कि दुनिया को जीवन देने वाला, क्या अपने अन्तिम समय में इतना नि:सहाय हो जाता है कि अन्तिम साँस भी न ले सके। क्या हम सबके साथ यही होता है, फिर मैं और सूरज अलग कैसे हुए, दोनों ही तो असहाय हैं।

मुझे होश आया तो मैं अँधेरे से घिरा था, मैं उठा और सोचा, कल सुबह इस सूरज से पूछूँगा कि क्या मिला, मुझे इस मायाजाल में फँसाकर...

भीम बेटका

गेरुआ

जुलाई का महीना था, मैं कल शाम को ही भोपाल पहुँचा था। मध्य भारत में बादलों का खेल आरम्भ हो चुका था। सूरज के साथ बादलों की पल-पल की लुका-छिपी जारी थी। जीतने और हराने की होड़ लगी हो जैसे। कई बार प्रकृति जीवन और मानव जीवन में कितना साम्य दिखता है- जीतने और हराने की होड़... ऊपर से यह साम्य दिखता है, भीतर से बहुत अलग। प्रकृति केवल जिताना जानती है, मनुष्य जीतना जानता नहीं है किन्तु जीतना चाहता है।

रात भर रुक-रुककर बारिश होती रही थी। रात, इस प्रार्थना के साथ कि सुबह बूँदों का यूँ रह-रहकर आना न ही हो तो बेहतर होगा। मुझे कब नींद आयी, पता ही नहीं चला। मैं सोते-सोते भी यह प्रार्थना दोहराता रहा था शायद। प्रार्थना के मनके बार-बार स्वयं फिरते रहे थे रातभर। मुझे लगता है कि प्रार्थना जितनी ज़्यादा मौन हो, उसका प्रतिफल उतना अधिक मुखर होता हैं मैं रात भर प्रार्थना दोहराता रहा, लेकिन अपनी ही प्रार्थना की आवाज़ स्वयं मुझे तक भी नहीं आ रही थी। सुबह उठा, बाहर निकलकर देखा— झक्क सफ़ेद बादल, आसमानी आसमान में उड़ते फिर रहे थे, स्वच्छन्द और निस्पृह। किसी आँधी ने रूई के ढेर पर फूँक मार दी हो जैसे...

भीम बेटका जाना है। आज कई सालों की आस पूरी होनी थी। जितनी बार भी भोपाल या आसपास से वापस गया हूँ, भीम बेटका न देख पाने की टीस और कसक साथ-साथ वापस गयी है। आज जब भीमबेटका जाने को तैयार था तो लग रहा था कि कुछ न मिल पाने की कसक में भी कितना मीठा सौन्दर्य छिपा होता है। मैं सुबह जल्दी निकलना चाहता था, लेकिन भोपाल का

मेरा एक यायावर साथी और आज का मेरा सारथी ज़रा देर से आए। पिछला एक घण्टा मैंने किस बेचैनी में काटा था, न वो समझ सकता था, ही मैं समझा सकता था। लेकिन यह भी उतना ही सच है कि आप सब कुछ नियंत्रित नहीं कर सकते। समय के इस बाज़ को तो बिलकुल नहीं और जब यह आपके धैर्य की परीक्षा लेने पर उतर आये तो इसकी उड़ानें और भी मारक हो जाती हैं।

चुपचाप बैग उठाया और मैं गाड़ी में बैठ गया। सुबह की बारिश में भीगी हुई हवा सुखद थी। पहली बारिश के बाद हवा कुछ ज़्यादा ही मोहक होकर छूती है, अभी-अभी नहा-धोकर आयी हो जैसे। आँखें बन्द कर उस छुअन को आप बहुत समता में रहकर आत्म-सात करना चाहते हैं, लेकिन भीमबेटका के भित्ति चित्रों, प्रश्रय स्थलों और शैल चित्रों को देखने की लालसा के आगे सब फीका।

भोपाल से बाहर निकलते ही वही भारत का वही चिर-परिचित ग्राम्य स्वरूप। सामाजिक अवस्था के एकदम नीचे के छोर पर ऐसे भी लोग हैं, जिनके रहन-सहन, जीवनशैली और पहनावे से उनके मेहनतकश होने का भाव अपने आप मिलता है। रास्ते भर हमको ऐसे लोग दिखते रहते हैं। मैं बैठा बैठा सोच रहा था कि कितना अजीब देश है यह, जहाँ की जलवायु सतरंगी है। हिमालय में सदा बर्फ़ जमी रहती है। इसी भारत के कई भागों में यूरोप जैसा मौसम भी रहता है। राजस्थान में दूर-दूर तक फैला, तपता हुआ, सोने-सा दमकता हुआ सुनहरे बालू वाला रेगिस्तान है।

दक्षिणी हिस्से में ग्रेनाइट के पहाड़ मिलते हैं। उसी ओर दक्षिणी छोर पर गर्मी और पश्चिमी घाट की कंकरीली मिट्टी में घने जंगल हैं। दो हज़ार से अधिक किलोमीटर लम्बा समुद्र तट है। विस्तृत उर्वरा घाटी में पतितपावनी गंगा और उसकी सहायक नदियों का समूह और असंख्य झीलें, उन्हें देखकर यही लगता है, जैसे सैकड़ों देश इस भूमि पर साँस ले रहे हैं। सैकड़ों सभ्यताएँ एक साथ हाथ से हाथ पकड़कर एक प्रतिसृष्टि का निर्माण कर रही हैं।

मेरा साथी मुझसे कहने लगा-देश के किसी भी हिस्से में निकल जाइये–हिमालय के असीम बर्फ़ क्षेत्र से लेकर दक्षिण के दूर-दराज़ में खेतों तक, पश्चिम के रेगिस्तान से पूर्व के डेल्टा तक, सूखी गर्मी से लेकर पहाड़ियों की तराई के मध्य पठार की ठण्डक तक, भारतीय जीवनशैलियाँ इसके भूगोल की

भव्यता स्पष्ट रूप से दर्शाती हैं। साथ में बैठा हुआ साथी इस क्षेत्र के भूगोल, इतिहास, समाज और राजनीति के बारे में भी बीच-बीच में बताता जा रहा है। बहुत सूक्ष्मता के साथ अवलोकन करने पर भारत की अनेक धाराएँ सामने आती हैं, अनेक रूपता के साथ-साथ एकरूपता, जो कई बार ग़ज़ब बेमेल दिखायी पड़ती है। वेशभूषा, खान-पान, रहन-सहन, बोल-चाल, रंग-रूप, रीति-रिवाज़, मौसम-जलवायु— हर कारक में इतना अन्तर विस्मित करता है। यहाँ आकर एक नये ग्राम्य जीवन के दर्शन होते हैं।

गर्मियों के मौसम का चारों ओर पसरा हुआ मटमैलापन। अब उसमें से हरियाली फूटने लगी है, पर धरती की प्यास का अनुमान साफ़-साफ़ लग रहा है। खेतों के पैरों में फटी बिवाइयाँ अब जल्दी ही भर जायेंगीं। धरती जिस अधीरता से बादलों के लिए प्रतीक्षा करती है, वह अधीरता इस मौसम में साफ़-साफ़ दृष्टिगोचर होती है। यह अधीरता कुछ वैसी ही तो है, जैसा अधीर सुबह मैं भीमबेटका के लिए निकलने के लिए हो रहा था। सड़क के दोनों तरफ कभी कोई गाँव और कभी इक्के-दुक्के घर, खेतों में काम करते स्त्री और पुरुष, स्कूल जाते हुए बालकों के दल और यह एक लम्बा सिलसिला।

भौगोलिक रूप से देखें तो भीमबेटका की गुफाएँ मध्य भारत के पठार में स्थित विंध्याचल की पहाड़ियों के नीचे के छोर पर हैं। इसके दक्षिण में सतपुड़ा की पहाड़ियाँ आरम्भ हो जाती हैं। ये गुफाएँ भोपाल से लगभग पचास किलोमीटर की दूरी पर हैं। ज़िला रायसेन। यह पूरा क्षेत्र मोटी वनस्पति से घिरा हुआ है। यहाँ प्रचुर मात्रा में पानी, प्राकृतिक आश्रय स्थल, हरा-भरा जंगल है। कुछ वैसा, मनुष्य जिस तरह के वातावरण को अपने पास सर्वाधिक चाहता है। नगरों में खड़े हुए कंक्रीट के जंगलों से ये जंगल हमेशा कहीं अधिक सुभीते हैं।

दूर से ही क्षितिज पर पहाड़ियों के होने के आसार दिखने लगे। क्षितिज पर हरे रंग के कुछ उभार। याद आ गया, जब बचपन में पहली बार पहाड़, नदी और सूरज का चित्र काग़ज़ पर उतारा था।

उस समय उकेरे गये नुकीले पहाड़ याद आ गये, समय अपनी पोटली से कुछ भी नहीं गिराता, यादों का उसका संग्रह कितना बड़ा है? फिर पहाड़ियाँ दीखने भी लगीं और धीरे-धीरे उनकी ऊँचाई भी बढ़ने लगी। हाँ? वे नुकीली नहीं थीं।

मैं हमेशा की तरह मंज़िल पर पहुँचने से पहले उसकी कल्पनाओं के मानचित्र खींचने में व्यस्त था। कुछ ऐसे चित्र जिनमें सारे रंग मेरे होते हैं, कैनवास, कूचियाँ और कल्पनाएँ भी मेरी अपनी।

अचानक मुख्य सडक से एक छोटी सड़क दाहिने मुड़ी और गाड़ी की रफ़्तार कम होते-होते गाड़ी रुक गयी। सामने रेलवे लाइन थी और उसका फ़ाटक बन्द। रुकना पड़ा।

चारों ओर सागौन के पेड़ बहुतायत दीखते हैं। पीले पत्तों वाले सागौन, जैसे कोई पेड़ों के चेहरों को पीला पोत गया हो। एक ऐसा पीलापन, जो उदासी ओढ़े हुए बैठा है। यह पूरा क्षेत्र साल और सागौन के पेड़ों से भरा-पूरा है। ज़मीन पर चारों तरफ़ सागौन के सूखे पत्तों से ज़मीन अटी पड़ी है। पत्तों के जीवन और मरण का अपना दर्शन है। टूटने के बाद फिर से पेड़ से जुड़ने की चाह, मृत्यु से पहले मनुष्य की पुनर्जन्म की चाह जैसी।

दायीं ओर कुछ महिलाएँ और लड़कियाँ ज़मीन से सागौन के पत्ते और ज़मीन पर गिरी हुई छोटी-छोटी लकड़ियाँ इकट्ठा कर रही हैं। मैं एक-टक उन्हें देख रहा हूँ, समझने का प्रयास कर रहा हूँ-ये महिलाएँ चाहें तो पेड़ों से मोटी लकड़ियाँ तोड़ सकती हैं, इन्हें यहाँ कोई नहीं देख रहा, लेकिन नहीं! प्रकृति के समीप रहने वाले लोग बेहतर ढंग से प्रकृति के इको सिस्टम को समझते हैं। अपनी ईमानदारी और निष्ठा, ये सदैव अपने साथ अपने काँधे पर उठाये चलते हैं। धरती चौड़े और मोटे पत्तों से अटी पड़ी है। क्या पेड़ों को भी पत्तों के गिरने का उतना ही दर्द होता होगा, जितना पत्तों को पेड़ों से अलग होने का होता है? दुःख और सुख का कैसा अनोखा सामंजस्य है यह, यही जीवन का दर्शन है।

रेल की पटरियों को देखते हुए अचानक मुझे याद आया कि आधुनिक भीमबेटका की कहानी भी तो रेल के बिना अधूरी है। मैंने कहीं पढ़ा था, शायद कि 1958 में प्रसिद्ध पुरातत्ववेत्ता विष्णु श्रीधर वाकणकर एक बार इसी रेलमार्ग पर यात्रा कर रहे थे कि मार्ग में उन्होंने इन पहाड़ियों और चट्टानों को देखा। साथ के यात्रियों से पूछने पर पता लगा कि यह भीमबेटका (भीम बैठका) नामक क्षेत्र है तथा पर जंगली पशुओं के भय से लोग वहाँ नहीं जाते। हरिभाऊ की आँखों में यह सुनकर चमक आ गयी। रेल कुछ देर बाद जब

धीमी हुई, तो वे चलती गाड़ी से कूद गये और कई घण्टे की चढ़ाई चढ़कर उन पहाड़ियों पर जा पहुँचे। वहाँ गुफाओं में बने मानव और पशुओं के चित्रों को देखकर, वे समझ गये कि ये लाखों वर्ष पूर्व यहाँ बसने वाले मानवों द्वारा बनाए गये हैं। वे लगातार पन्द्रह वर्ष तक यहाँ आते रहे।

इस प्रकार इन गुफा चित्रों से संसार का परिचय हुआ। अभी रेल के आने का कोई संकेत नहीं दिख रहा था। मैं दूर दिख रही पहाड़ियों और चट्टानों को देखकर यही सोच रहा था कि आख़िर क्या दिखा होगा हरिभाऊ को इन चट्टानों में कि वे चलती रेल से कूद गये और फिर शताब्दियों की कोख में छिपा रहस्य संसार के सामने ला पाए। कितनी हिम्मत, साहस और अपने अनुभव पर विश्वास होगा हरिभाऊ को, तभी ऐसा निर्णय लिया जा सकता है।

रेल आयी और द्रुत गति से निकल भी गयी। मैं अभी भी विचारों के भँवर में गोते खा रहा था। चढ़ाई शुरू हुई और फिर से शुरू हुआ सागौन के पेड़ों का न ख़त्म होने वाला सिलसिला। हवा तेज़ थी। जब हवा जरा तेज़ चलती है तो ज़मीन पर पड़े हुए सागौन के सूखे पत्ते ऐसे उड़ते हैं जैसे दोबारा जीना चाहते हों। पीछे मुड़कर देखा तो लड़कियों और औरतों का दल एक पंक्ति में सर पर गठरियाँ उठाये चले जा रहा है। अहा, क्या दृश्य है क्या अनुशासन है, एक पंक्ति में कोई शक्ति रेखा जा रही हो जैसे... गाड़ी में गाना बज रहा है, *दुनिया बनाने वाले क्या तेरे मन में समायी, तूने...*

हम टेबल टॉप पर हैं। समय से थोड़ा पहले ही पहुँच गये थे। कोई और दिख नहीं रहा था। भीमबेटका से मिलने की लालसा हमें कुछ जल्दी ही खींच लायी थी। गाड़ी से उतरे तो सामने विशालकाय चट्टानें एकदम दम साधे खड़ी हैं और पीछे है विस्तृत हरी घाटी। दूर देखने पर लगता है, जैसे रौशनी का एक दरिया घाटी के आर-पार खिंच गया है। एक उदास और गहरी रौशनी की नदी, यह रीतापन अपने आप में सम्पूर्ण लगता है। आँखें दूर तक जाती हैं और ख़ाली लौट आती हैं। आँखों का यह बंजारापन, अपने भीतर घुमक्कड़ी के कैसे-कैसे चित्र सँजोए रहता है, उन्हें भीमबेटका की प्रतीक्षा को बाहर निकालकर इस स्थान की स्मृतियों को अपने भीतर संजोना हो जैसे। अपने भीतर के संग्रहालय को पल-प्रतिपल समृद्ध करना हो जैसे।

सामने भीमबेटका का परिचय कई पत्थरों पर लिखा है। बहुत सारे सामान्य प्रश्नों के उत्तर हैं इन पत्थरों पर, लेकिन मेरे सवालों के नहीं। कहते हैं, इस जगह को पहले पहल स्थानीय आदिवासियों द्वारा महाभारतकालीन पाण्डवों की निशानी के तौर पर चिह्नित किया गया था। भीमबेटका को 'भीम का निवास' भी कहते हैं, 'जिसका अर्थ' 'भीम के बैठने की जगह' से है।

सामने की दो चट्टानें मिलकर, इस विस्मयकारी स्थान के प्रवेश-द्वार का आभास देती हैं। यहीं से अन्दर जाना है। कैसी शान्ति है यहाँ, अनुपम, अद्भुत! मैं घाटी में फैली उस रौशनी की नदी में यहाँ खड़े-खड़े ही गोते लगा रहा था, मौन और विस्मित। मौन हमेशा मुखरित होता है। वह भाषा का चिरन्तन प्रवाह है। हम अक्सर बोलकर उस प्रवाह को तोड़ देते हैं, यही हुआ। मेरा मित्र अचानक ज़ोर से चिल्लाया, "अरे इधर आओ, इधर आओ।" हमें लगा, कोई साँप या कोई जंगली जानवर? जैसा कि हमें बताया गया था कि इस वन क्षेत्र में खूब जंगली जानवर भी पाये जाते हैं। पहुँचे तो...

उसने पहली गुफा में बने हुए शैल चित्र देख लिए थे। इसलिए उत्साहित होकर चिल्लाये जा रहा था। पहले तो झल्लाहट हुई क्योंकि उसने उस चिरन्तन मौन के क्रम को तोड़ा था, लेकिन जब मैंने उन भित्ति चित्रों को देखा तो बस अपलक देखता रह गया। दो-चार साल नहीं, दो-चार हज़ार साल नहीं बल्कि हज़ारों वर्ष पूर्व इन चित्रों को उकेरा गया होगा, कल्पनातीत।

एक के बाद एक गुफाओं को हम नापते रहे, अपने-अपने अनुमान लगाते रहे। सच में इस जगह को देखकर पता चलता है कि किस तरह से पूर्व पाषाण काल से मध्य ऐतिहासिक काल तक यह स्थान मानव गतिविधियों का केन्द्र रहा होगा। यहाँ हर जगह सामूहिक नृत्य, रेखांकित मानवाकृति, शिकार, पशु-पक्षी, युद्ध और प्राचीन मानव जीवन के दैनिक क्रियाकलापों से जुड़े चित्र मिलते हैं।

यही आरम्भ होगा लोक जीवन, लोक परम्पराओं और लोक संस्कृति के संवर्धन का। मानव ने अपने जीवन के हर कारक को यहाँ पत्थरों पर उकेरा है। यही आरम्भ है लोक जीवन के संरक्षण का, इन चित्रों में लोक मानव का हृदय बोलता है। ऐसा लगता है, सृष्टि स्वयं गुनगुना रही है। इन चित्रों में पग-पग पर लोक संस्कृति के दर्शन होते हैं। चित्रों का यह अलंकरण उतना ही पुराना

है जितना कि मानव, इसलिए उसमें जन जीवन की प्रत्येक अवस्था, प्रत्येक वर्ग, प्रत्येक समय और प्रकृति– सभी कुछ समाहित है।

इन चित्रों को देखकर ऐसा लगता है जैसे तत्कालीन संस्कृतिश्रमशील समाज की संवेदनात्मक आवेगों की अभिव्यक्ति रही है। धरती के हर हिस्से के मूल निवासियों ने अपनी लोक संस्कृति की रक्षा की है। लोक संस्कृति, प्रकृति की गोद में पनपती है। लोक संस्कृति के उपासक या संरक्षक बाहर की पुस्तकें न पढ़कर, अन्दर की पुस्तकें पढ़ते रहे होंगे। लोक की इस अभिव्यक्ति में श्रद्धा-भक्ति की प्राथमिकता रहती है। उसमें अविश्वास, तर्क का कोई स्थान नहीं रहता। लोक में श्रद्धा भावना की परम्परा शाश्वत है। वह अन्तः सलिला सरस्वती की तरह जनजीवन में सतत् प्रवाहित हुआ करती है। यह बीज लोक संस्कृति ही है। उस बीज के साक्षात् दर्शन यहाँ पहली दृष्टि में ही होते हैं। कोई भी चित्र सामाजिक व्यवस्था या तत्कालीन स्थितियों से बाहर का नहीं मिलता।

बड़ी-बड़ी चट्टानों के अन्दर मिजोलिथिक युग से ऐतिहासिक अवधि के बीच की तस्वीरें मौजूद हैं। हज़ारों वर्षों से मनुष्य सामाजिक और संगठित रूप से कला के प्रति आकर्षित रहा है। सबसे आश्चर्य की बात है कि इन चित्रों में प्रयोग किये गये खनिज रंगों में मुख्य रूप से गेरुआ, लाल और सफ़ेद हैं और कहीं-कहीं पीला और हरा रंग भी प्रयोग हुआ है, जो इतने हज़ार वर्षों बाद भी वैसे ही सजीव दिखायी देते हैं। साँझ के उत्सवों का अंकन मन में एक नया विस्मय भरता है। सामाजिक उत्सवों और सहकार भी भावना का इतना सुन्दर अंकन कहीं और शायद ही आपको देखने को मिले। भारत की यह उत्सवधर्मिता आज की नहीं, उसमें हर्ष, उमंग, जीवन के प्रति मोह, वह सब यहाँ दिखता है, हज़ारों, लाखों वर्ष पूर्व भी...

कुछ लोग कहते हैं कि भारत का कोई इतिहास नहीं। निश्चय ही पश्चिम के रोम या यूनान के इतिहास की तर्ज़ पर भारत का दृश्य पूर्ण इतिहास प्रस्तुत करना सम्भव नहीं है, लेकिन इतिहास क्या है? इतिहास का अर्थ केवल बड़ी-बड़ी लड़ाई और कुछ नामों का सिलसिला ही है तो भारत का इतिहास कठिन है, परन्तु यदि किसी राजा के नाम की बजाये यह जानना अधिक महत्वपूर्ण है कि उसके राज्य के किसान हल का प्रयोग करते थे या नहीं तो भारत का

इतिहास मौजूद रहेगा। भीमबेटका के ये चित्र इतिहास की न जाने कितनी परतें खोलते हैं।

भीमबेटका की गुफाओं में प्राकृतिक लाल और सफ़ेद रंगों से वन्यप्राणियों के शिकार दृश्यों के अलावा घोड़े, हाथी, बाघ आदि के चित्र उकेरे गये हैं। नृत्य, संगीत बजाने, शिकार करने, घोड़ों और हाथियों की सवारी, शरीर पर आभूषणों को सजाने और शहद जमा करने के बारे में हैं। शेर, सिंह, जंगली सूअर, हाथियों, कुत्तों और घड़ियालों जैसे जानवरों को भी इन तस्वीरों में चित्रित किया गया है। इन आवासों की दीवारें धार्मिक संकेतों से सजी हुई हैं, जो पूर्व ऐतिहासिक कलाकारों के बीच लोकप्रिय थे।

ये चित्र हज़ारों वर्ष पहले का जीवन तो दर्शाते ही हैं बल्कि बताते भी हैं कि कला का मानव विकास पर गहरा प्रभाव रहा है। यहाँ नित्य दैनिक जीवन की घटनाओं से लिए गये विषय जैसे सामूहिक नृत्य, संगीत, शिकार, घोड़ों और हाथियों की सवारी आदि के बारे में हैं। इसके अलावा यहाँ जानवरों को भी चित्रित किया गया है। जंगली सूअर, हाथियों और बैलों के विशाल चित्र यहाँ उनके विशाल आकार को दर्शाते हैं। इन चित्रों से उस समय की सामाजिक जीवन संरचना और मानव विकास को समझा जा सकता है।

जानने वाले कहते हैं कि इन चित्रों को बड़े पैमाने पर दो समूहों में वर्गीकृत किया गया है— एक शिकारी और भोजन इकट्ठा करने वालों के चित्रण के रूप में, जबकि एक अन्य लड़ाकू चित्रों के रूप में, घोड़ों और हाथी पर सवार होकर, धातु हथियार लेकर। चित्रों का पहला समूह प्रागैतिहासिक काल का है जबकि दूसरा ऐतिहासिक समय का है। ऐतिहासिक काल के अधिकांश चित्रों में तलवार, भाले, धनुष और तीर चलाने वाले शासकों के बीच लड़ाई को दर्शाया गया है। एक उजाड़ भीमबेटका की गुफा में त्रिशूल के समान औज़ार को पकड़ने और नृत्य करने वाले व्यक्ति का नाम पुरातत्वविद् वी.एस. वाकणकर द्वारा 'नटराज' रखा गया है। यह अनुमान लगाया गया है कि कम से कम सौ चट्टानों पर बने चित्रों को मिटा दिया गया होगा या वह स्वयं ही नष्ट हो गयी होंगी।

मैं एक शिला पर बैठ गया। सोच रहा था कि कैसा रहा होगा उस समय का जीवन, मनुष्य और समाज? अचानक जैसे भारतवर्ष स्वयं उस कालखण्ड के बारे में मुझे बताने लगा।

मेरी इस पुण्य सलिला सनातन भूमि के आँगन में मानव इतिहास लगभग पाँच लाख वर्ष पूर्व से पल्लवित होना आरम्भ हुआ। यह समय था, जब मानव सभ्यता अपने उत्कर्ष के प्रथम चरण में थी। प्रकृति को मानव ने अपना पहला पालना बनाया। धीरे-धीरे बारिश, आँधी, तूफ़ान और जानवरों से बचने के लिए मानव ने गिरि कन्दराओं में रहना शुरू किया। यह प्रथम अवसर था, जब उसने अपने जीवन यापन की आवश्यकताओं के लिए नये-नये प्रयोग शुरू किये।

जीवन यापन के लिए शिकार एवं जीवन रक्षा के लिए पत्थर को औज़ारों और हथियारों की तरह प्रयोग करना शुरू किया। मानव अकेले जानवरों का शिकार नहीं कर सकता था, इसीलिए संगठन एवं सहयोग की भावना सूत्रपात हुआ। खाद्य-अखाद्य के परिशीलन ने आधुनिक वनस्पति विज्ञान को जन्म दिया। आखेट के निमित्त पशु स्वभाव के अध्ययन से पशु विज्ञान, जलवायु विज्ञान आदि का जन्म हुआ। मेरी ज़मीन पर पुरातत्त्वविदों ने पुणे-नासिक क्षेत्र, कर्नाटक के हुँस्गी-क्षेत्र, आंध्रप्रदेश के कुरनूल क्षेत्र में इस युग के स्थलों की खोज की है। इन क्षेत्रों में कई नदियाँ हैं, जैसे ताप्ती, गोदावरी, कृष्णा, भीमा, वर्धा आदि। इन स्थानों में चूना-पत्थर से बने अनेक पुरापाषाण काल के औज़ार मिले हैं। इसी समय मानव को आग का ज्ञान प्राप्त हुआ और उसका प्रयोग शुरू हुआ। यह एक युगान्तकारी आविष्कार था, जिसने मानव जीवन में अमूल चूल परिवर्तन ला दिये। भारत में इसके अवशेष सोहन, बेलन तथा नर्मदा नदी घाटी में प्राप्त हुए हैं। भोपाल के पास स्थित भीमबेटका नामक चित्रित गुफाएँ, शैलाश्रय तथा अनेक कलाकृतियाँ प्राप्त हुई हैं, जहाँ तुम अभी बैठे हो!

जानते हो, फिर मानव ने धीरे-धीरे पत्थरों को घिस-घिसकर नुकीला और चमकदार बनाना शुरू किया। हथियारों के प्रयोग को लेकर मनुष्य पारंगत हो चला था। उसने औज़ारों के प्रयोग का सही उपयोग सीख लिया था। अब क्रमशः जीवनशैली में आर्थिक एवं वैज्ञानिक पक्ष जुड़ते चले गये। कृषि के ज्ञान ने मानव जीवन में क्रान्तिकारी परिवर्तन ला दिये। अनाज काटने, उसका सँवरण करने, पीसने की परम्परा, जीवन का एक अंग बनती चली गयी। पशु पालन आरम्भ हो गया, पहिये के आविष्कार ने मानव की कार्यशैली एवं जीवनशैली दोनों में क्रान्तिकारी परिवर्तन ला दिये। आना-जाना, सामान ढोना सुगम हो गया।

सामान की ढुलाई से होने वाली आसानी ने मानव को व्यापारोन्मुख बनाया। यह वह समय था, जब मानव ने फसल उगाने का काम शुरू कर दिया था। प्राप्त करने के लिए खेती का काम करना शुरू कर दिया था।

इस काल में प्रयुक्त होने वाले उपकरण आकार में बहुत छोटे होते थे। इस समय के प्रस्तर उपकरण राजस्थान, मालवा, गुजरात, पश्चिम बंगाल, ओडिशा, आंध्र प्रदेश एवं मैसूर में पाये गये हैं। अभी हाल में ही कुछ अवशेष मिर्ज़ापुर के सिंगरौली, बांदा एवं विंध्य क्षेत्र से भी प्राप्त हुए हैं। मध्य पाषाणकालीन मानव अस्थि-पंजर के कुछ अवशेष प्रतापगढ़, उत्तर प्रदेश के सराय नाहर राय तथा महदहा नामक स्थान से प्राप्त हुए हैं। मध्य पाषाणकालीन जीवन भी शिकार पर अधिक निर्भर था। मध्यपाषाण काल के अन्तिम चरण में कुछ साक्ष्यों के आधार पर प्रतीत होता है कि लोग कृषि एवं पशुपालन की ओर आकर्षित हो रहे थे। इस समय मिली समाधियों से स्पष्ट होता है कि लोग अंत्येष्टि क्रिया से परिचित थे। मानव अस्थिपंजर के साथ कहीं-कहीं पर कुत्ते के अस्थिपंजर भी मिले हैं, जिनसे प्रतीत होता है कि ये लोग मनुष्य के प्राचीनकाल से ही सहचर थे।

मुझे प्रसिद्ध लेखक वासुदेवशरण अग्रवाल की कुछ पंक्तियाँ ध्यान आ रही थीं—

मुझे ऐसा लग रह था कि मैं कोई फ़िल्म देख रहा हूँ, यही सब कुछ तो अभी-अभी इन शैल चित्रों में मैंने देखा है। एक ऐसा चलचित्र, जिसने समय के विभाजन, घटनाओं और दृश्यों को एक सूत्र में बाँध लिया हो। आप सम्मोहित होकर सब कुछ सुनते और मानते जाते हैं।

फ़िल्म आगे भी जारी रहती है—

भीमबेटका और अनेक स्थानों पर हज़ारों वर्ष पूर्व कंदराओं में बनाये गये भित्ति चित्र मानव के कला की ओर उन्मुख होने के प्रतीक हैं। इन्हीं भित्ति चित्रों में सामूहिकता, जीवनशैली एवं कार्यशैली के अनेक प्रमाण मिलते हैं। भीमबेटका के भित्ति चित्रों से आसानी से उस समय के मानवीय व्यवहार का अध्ययन किया जा सकता है। कला के प्रति इसी जागृति के साथ यह यात्रा पूजा और अनुष्ठान की ओर बढ़ चली। प्रकृति में ऋतुओं के अनुसार रहने के लिए वस्त्र निर्माण एवं गृह निर्माण की आवश्यकता ने मानव को तकनीक

विकसित करने की ओर प्रेरित किया। मृद्भाण्ड कला का जन्म हुआ और भोजन पकाने की कला का आविर्भाव हुआ।

भीमबेटका की गुफाओं और आश्रय स्थलों में स्थित चित्रों के बारे में अनेक मान्यताएँ हैं। कुछ के अनुसार, यह तक़रीबन तीस हज़ार साल पुरानी है, लेकिन कुछ लोगों के अनुसार, यह पेंटिंग इससे ज़्यादा पुरानी है। उस समय की पेंटिंग बनाने में उन्होंने सब्ज़ियों के रंगों का उपयोग किया था और वे आश्रय स्थलों और गुफाओं की अन्दरूनी और बाहरी दीवारों पर ही तस्वीरें बनाते थे। कैसे जाना होगा उन्होंने रंगों का बनाना, उनका सटीक प्रयोग? कैसे आया होगा उनके भीतर वैज्ञानिक तत्व?

शैल चित्र वास्तव में मानव जाति की समृद्ध आध्यात्मिक एवं सांस्कृतिक विरासत को दर्शाते हैं और इन शैल चित्रों का इनके रचनाकारों तथा वंशजों के लिए काफ़ी अधिक महत्त्व है। इनकी सुन्दरता, प्रतीकात्मकता और इसकी समृद्ध इतिहास का अर्थ है कि ये अन्तर्राष्ट्रीय, क्षेत्रीय और स्थानीय स्तर पर व्यापक रूप से सराहनीय और बहुमूल्य हैं। इनकी निरन्तर मौजूदगी वैश्विक समुदायों को विविध सांस्कृतिक परम्पराओं, उनके उद्गम और बनाए गये परिदृश्यों को पहचानने और जानने में मदद करने के लिए महत्त्वपूर्ण है। आदिवासी समुदाय के लोग शैलों पर उत्कीर्ण चित्रों का अनुकरण कर अपने रीति-रिवाज़ों का पालन करते हैं मानो भीमबेटका सबसे कहता है—मैं मानव विकास की इस यात्रा का साक्षी रहा हूँ। मानव जीवन में सहयोग एवं सहकारिता से 'समाज' का अंकुरण एवं निर्माण मैंने देखा है। साथ रहने की परम्परा ने बस्तियों और फिर गाँव विकसित किये। धीरे-धीरे मानव की खोजी प्रवत्ति के कारण तकनीक का विकास तेज़ी से होने लगा और उसके जीवन में तांबे का अविष्कार और प्रयोग आरम्भ हुआ। यह सब मैंने देखा है कि मानव जीवन किस तरह फल फूल रहा था।

अरे! यही सब कुछ तो इन दीवारों पर उकेरा गया है। हरिभाऊ वाकणकर जी के इन्हीं सार्थक प्रयास को सरकार ने भी मान्यता प्रदान की और इस जगह को पुरातात्विक विभाग ने संरक्षित किया। इन प्रयासों के बाद यूनेस्को ने 2003 में आदिमानव के इस पुरापाषाणिक शैलाश्रय को विश्व धरोहर का दर्ज़ा दिया है।

हाल ही में होशंगाबाद के पास बुधनी के एक पत्थर खदान में भी शैल चित्र पाये गये हैं। भीमबेटका से पाँच किलोमीटर की दूरी पर पेंगावन में पैंतीस शैल चित्र पाये गये हैं। ये शैल चित्र अत्यधिक दुर्लभ माने गये हैं। पास में ही एक और स्थान, आशापुरी में भी बड़े स्तर पर उत्खनन चल रहा है। यह सम्पूर्ण क्षेत्र ही पुरातत्व की दृष्टि से अत्यन्त महत्वपूर्ण है।

यहाँ पर स्थित चित्रों की शैली से यह पता चलता है कि ये चित्र अलग-अलग अवधि में बनाये गये हैं। भीमबेटका की गुफाएँ विभिन्न युगों की यात्रा पर ले जाती हैं एवं ये भारत की सांस्कृतिक विरासत की एक राष्ट्रीय सम्पदा हैं। वैसे आधुनिक वैज्ञानिक पड़ताल, जैसे कार्बन डेटिंग से इस ओर भी इशारा मिलता है कि भीमबेटका के प्राचीन मानव के विकास का काल-क्रम विश्व के अन्य प्राचीन समानान्तर स्थलों से हज़ारों वर्ष पूर्व हुआ था। तो इस रूप में यह स्थल मानव विकास का आरम्भिक स्थान भी माना जा सकता है। इस जगह को न सिर्फ इतिहास में रुचि रखने वाले लोग पसन्द करते हैं बल्कि यहाँ युवाओं और पूरे परिवार को जंगल, पहाड़ों में ट्रैकिंग के अनुभव के साथ आदिमानव तथा मानव इतिहास के अनदेखे और अनजाने रहस्यों को जानने का मौक़ा मिलता है।

पूरा परिसर घूमना आसन नहीं है। अगर आप समय की परतें खोलना चाहते हैं, युगों के पन्नों को पलटना चाहते हैं, क्रमिक विकास की पटकथाओं को समझना चाहते हैं तो यह परिसर आपको आमन्त्रण देता है। मानव जीवन, मानव प्रकृति सम्बन्ध, मानव जीवन का समाज शास्त्र... यह सब आगे क्रमिक रूप में समझना हो तो भीम बेटका सबसे बेहतरीन स्थान है।

उस समय के लोगों ने अपनी लोक परम्पराओं को सहेजने का कैसा अद्‌भुत तरीक़ा निकाला कि आज भी यह शोध का विषय बना हुआ है। हर एक शैलचित्र अपने पीछे कितनी बड़ी कहानी लिये हुए है, उस कहानी के किरदारों को समझने की आवश्यकता है। ये किरदार अपने स्थायित्व के कितने बड़े पैरोकार बने हुए हैं।

मैं वापस लौट रहा हूँ, इस उधेड़-बुन में कि पहली बार इन शैल चित्रों को देखकर जब हरिभाऊ वापस लौट रहे होंगे तो क्या सोच रहे होंगे?

UNESCO
ROCK SHELTERS OF BHIMBETKA
भीमबैठका के शैलाश्रय विश्वधरोहर के सम्मेलन के व्यावहारिक दिशा निर्देशों के मानदण्ड (iii) तथा (v) के अनुसार विश्व धरोहर सूची में नामांकित किये गये हैं।
भीमबैठका स्थित शैलचित्रों की संख्या तथा गुणवत्ता में मानव तथा परिदृश्य के मध्य सतत् सम्बन्ध परिलक्षित होता है। यह शिकार तथा संग्रहण अर्थव्यवस्था परम्परा से निकट सम्बन्ध रखता है, जिसके विलुप्त होते अवशेष शैलचित्रों तथा आस पास के स्थानीय आदिवासी ग्रामों में आज भी विद्यमान हैं।
भीमबैठका का विश्व धरोहर सूची में नामांकन इस सांस्कृतिक तथा प्राकृतिक स्थल के सार्वभौमिक महत्व की पुष्टि करता है, जिसके कारण इसको सम्पूर्ण मानवता के लाभार्थ संरक्षण किये जाने योग्य पाया गया है।
ROCK SHELTERS OF BHIMBETKA HAVE BEEN INSCRIBED ON THE WORLD HERITAGE LIST AS PER CRITERIA (iii) AND (v) OF THE OPERATIONAL GUIDELINES FOR THE

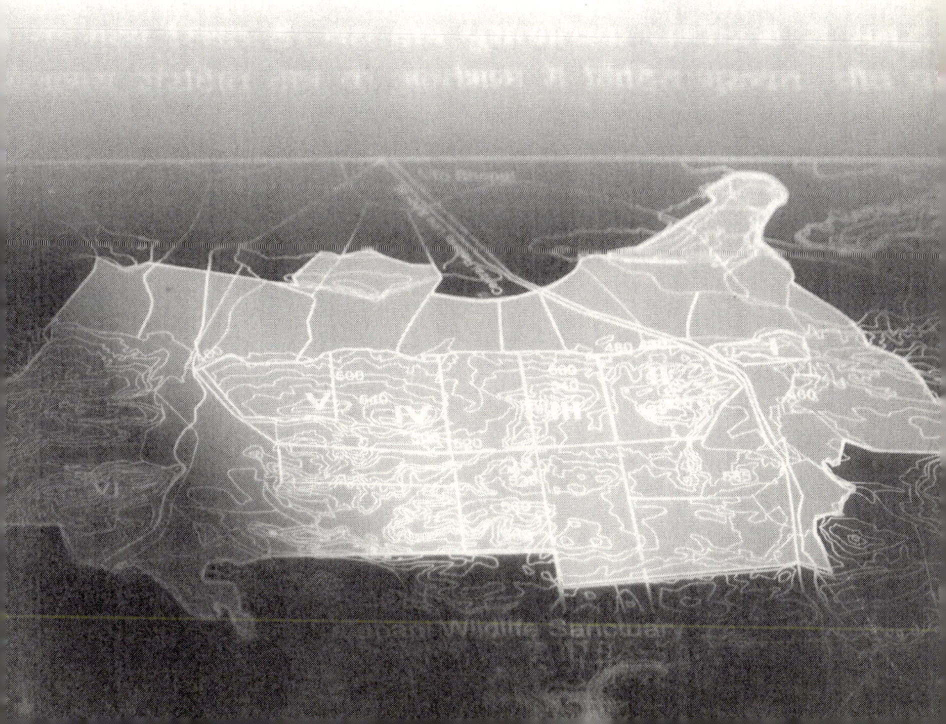
Wildlife Sanctuary

बुरहानपुर

एक नदी की अनकही

मैं बुरहानपुर में ताप्ती नदी के किनारे खड़ा था। पानी को छूकर बहती हुई हवा की शीतलता मुझे भीतर तक छू रही थी। मुझे लग रहा था, यह शहर हमेशा मुझसे मिलना चाहता था, बतियाना चाहता था जैसे।

ताप्ती, जिसने बुरहानपुर के उत्थान और पतन की हर कहानी को अपनी तहों में संजोकर रखा है, पौराणिक, ऐतिहासिक, सँवरने और बिगड़ने की कहानियाँ। ऐसी कहानियाँ, जो दिखती तो सबको हैं, पर सबको सुनायी नहीं देतीं। ताप्ती मिलती तो सबसे है, लेकिन बतियाती किसी से नहीं। शाही क़िले के नीचे एक कतार में अपने किनारे खड़े मन्दिरों से कभी-कभी बतिया लेती होगी। हर्ष से सिर उठाये-मुस्काते हुए मन्दिर। नदी के बहने और किनारे खड़े मन्दिरों की घंटियों की आवाज़ से मिलकर जो संगीत उठता है, वह भीतर तक छूता है, वहीं खड़े रहने को विवश करता है। कैसी कश-म-कश है! नदी रोकना चाहती है, शहर आमन्त्रित करता है।

एक शहर, हिन्दू धर्म-ग्रंथों में जिसे 'भृग्नपुर' कहा गया है। यह नाम भृगु ऋषि पर रखा गया है, जिन्होंने न केवल यहाँ कठोर तप किया बल्कि ताप्ती नदी के तीर बैठकर भृगु 'संहिता' की भी रचना की थी।

मैं बुरहानपुर को बस इसलिए जानता था कि इतिहास में इसे सामरिक दृष्टि से 'दक्खन का द्वार' कहा जाता था। मुमताज़ महल की मृत्यु यहाँ हुई थी और प्रसिद्ध असीरगढ़ का अपराजित क़िला पास में ही था। बस, इतना भर पता था, लेकिन किसी शहर को 'दक्खन का द्वार' कहा जाना अपने आप में कितना महत्वपूर्ण हो सकता है, जिसकी विजय पर दक्षिण भारत की विजय के द्वार खुलते हों, किसी शहर की यात्रा करने और उसे जानने के लिए इतना

पर्याप्त था। इतिहास की कोख में झाँकना बहुत कठिन होता है। कठिन होता है इतिहास की बाँह मरोड़कर उससे सच उगलवाना। आपको उसके साथ चहलक़दमी करनी पड़ती है।

मैंने असीरगढ़ चढ़ना शुरू किया। हालाँकि अब ऊपर तक पहुँचने के लिए मोटर रोड बन गयी है, लेकिन हरी-भरी सतपुड़ा पर्वतमाला के बीच, ऊँची पहाड़ी पर असीरगढ़ आपको मौन आमन्त्रण देता है। ऊपर चढ़ते हुए आप जिधर भी नज़र उठाइए, ज़मीन से ऊपर उठती हुई पहाड़ियाँ एक अलग ही दृश्य उत्पन्न करती हैं।

हल्के-हल्के धुँधलके के बीच कितनी ही पहाड़ियाँ मस्तक उठाये खड़ी हैं!

मेरे साथ चढ़ रहे थे दो सगे भाई, अपनी बाईस बकरियों के साथ, हरीश और सुन्दर। हँसमुख और चंचल, उम्र सत्रह के नीचे ही होगी। हिन्दी बोलते कम हैं, समझते पूरी हैं। भौगोलिक रूप से मध्यप्रदेश और महाराष्ट्र की सीमा का यह क्षेत्र प्रशासनिक रूप से मध्यप्रदेश में आता है, लेकिन बोली, पहनावा और सामाजिक जीवन में महाराष्ट्र की जीवनशैली का प्रभाव ज़्यादा दिखता है।

"कहाँ जा रहे हो?" मैंने पूछा।

दोनों एक दूसरे को देखकर मुस्कुराते हैं,

सुन्दर बोलता है, "जहाँ बकरियाँ ले जायेंगीं।"

मुझे आश्चर्य हुआ।

"तुम बकरियों को ले जाओगे या बकरियाँ तुम्हें ले जायेंगीं?"

"जहाँ बकरियाँ हमें ले जायेंगी", इस बार बोलने की बारी हरीश की थी।

मैं असमंजस में था। आज तक यही सुना था कि इंसान जानवरों को हाँकता है, यहाँ तो मामला दूसरा ही था। उन दोनों से बात करते-करते मेरा सफ़र ज़रूर अच्छा कट रहा था।

मैंने आश्चर्य ज़ाहिर किया तो बोला, "ये जानवर अच्छी तरह से जानते हैं कि उन्हें कहाँ जाना है, फिर हम क्यूँ जबरदस्ती हाँकें?"

जवाब तो सही था। मैं मुस्कुराता हुआ सोच रहा था कि दूसरों पर अपनी इच्छा थोपना या दूसरों को उनकी इच्छाओं से जीने देना... दोनों में कितना अन्तर है?

"क़िला देखा है?"

"बहुत बार।"

"कैसा लगता है?"

"मस्त।"

"क्या क्या मस्त?"

"सब कुछ।"

हरीश मुस्कुराता है।

"कभी केवल क़िला घूमने गये हो?"

"नहीं।"

मैं मन-ही-मन सोच रहा था—पहाड़ पर ज़्यादा हरियाली है, पानी है, इसलिए बकरियों को और इन दोनों भाइयों को भी पसन्द है पहाड़।

हम सबकी मंज़िल एक ही है, लेकिन ध्येय और उद्देश्य कितने अलग-अलग?

घर-परिवार, पढ़ाई की बात चलती रही दोनों खूब तेज़ चलते हैं, क़िला आने से पहले ही उनकी बकरियाँ दूसरी तरफ मुड़ गयीं और बकरियों के पीछे पीछे वे दोनों भी।

चारों ओर देखते देखते ऊपर पहुँचने तक, थकन बिलकुल नहीं होती। इस क़िले की स्थापना कब और किसने की, यह पूरे विश्वास से नहीं कहा जा सकता। कुछ लोग इस क़िले को महाभारत के वीर योद्धा अश्वत्थामा की अमरत्व की गाथा से जोड़ते हुए, उनकी पूजा स्थलि बताते हैं। बुरहानपुर के 'गुप्तेश्वर महादेव मन्दिर' के समीप से एक सुन्दर सुरंग है, जो असीरगढ़ तक लम्बी है। ऐसा कहा जाता है कि अश्वत्थामा ताप्ती नदी में स्नान करने आते हैं और बाद में 'गुप्तेश्वर' की पूजा कर अपने स्थान पर लौट आते हैं। ये सब किंवदन्तियाँ हैं। लेकिन आस्था प्रमाण नहीं माँगती, केवल विश्वास रखती है। आस्था एक ऐसी सीढ़ी है, जिसके सहारे अपने प्राप्य की ऊँचाई तक पहुँचा जा सकता है।

इस क़िले तक पहुँचने के लिये दो रास्ते हैं। एक रास्ता पूर्व दिशा में, जो एक सरल सीढ़ीदार रास्ता है और दूसरा रास्ता उत्तर दिशा में है, जो कठिन है। ऊपर पहुँचते ही एक बड़ा फ़ाटक नज़र आता है, जो 'मदार दरवाज़े' के

नाम से प्रसिद्ध है। इस दरवाज़े के सामने एक काली चट्टान है, जिस पर अकबर, दानियाल, औरंगज़ेब और शाहजहाँ के चार शिलालेख फ़ारसी भाषा में स्थापित हैं। इन शिलालेखों पर क़िले के क़िलेदारों पर विजय प्राप्त करने वालों और सूबेदारों के नाम के साथ, अन्य वर्णन अंकित हैं।

इस दरवाज़े से कुछ दूर पूर्व दिशा में गंगा-यमुना नाम के पानी के अलग-अलग दो स्रोत दिखायी देते हैं, जिनका पानी अत्यन्त स्वच्छ और मीठा है। यहाँ पानी कहाँ से आता है, किसी को नहीं पता। इतनी ऊँचाई पर पानी की ऐसी व्यवस्था देखकर एक ही विचार आता है कि क़िले और गढ़ी जैसी बड़ी संरचनाओं को बनाने से पहले कितनी बारीक़ी के साथ योजनाओं पर ध्यान दिया जाता होगा। पानी में बनी सीढ़ियाँ स्पष्ट नज़र आती हैं और आगे तक रास्ता भी नज़र आता है।

असीरगढ़ में अनेक जल स्रोत मिलते हैं, अपने आप में अनेक विशेषताएँ समेटे हुए। बादाम कुण्ड, जिसके जल में, लोगों के कहने के अनुसार, बादाम की सुगन्ध आती थी। रानी का तालाब, जिसके विषय में ऐसी मान्यता है कि इसमें पौराणिक पारसमणि समायी हुई है। मामा-भांजा तालाब, जो मेरे अनुमान से किसी मामा एवं भांजे द्वारा निर्मित हो और यह गंगा-जमुना तालाब, कहते हैं कि गंगा और यमुना नदियों के जल के गुण-तत्त्व इन तालों के पानी में भी विद्यमान हैं। आप देश के किसी भी कोने में चले जाइये, गंगा के नाम पर कोई न कोई जल स्रोत आपको देखने और सुनने को मिल ही जाता है। जल संरक्षण के प्रति हमारे पूर्वज इतने सचेत दिखते हैं।

यहाँ की देख-रेख करने वाले समर सिंह से बातचीत करते हुए उन्होंने एक बहुत वज़नदार बात कही। मैंने बस इतना पूछा था कि क़िले की ऐसी हालत कैसे हो गयी? चारों ओर बस खण्डहर ही दिखायी देते हैं।

समर सिंह बोलते हैं, "समय बहुत बलवान होता है, उसके आगे किसी की नहीं चलती, आप कितने भी मज़बूत क्यों न हों। यह वही असीरगढ़ है, जिसे जीतने के लिए कितने ही शहंशाहों ने पूरा दम लगा दिया। जिसे 'बाब-ए-दक्खन' (दक्षिण द्वार) और 'कलोद- ए-दक्खन' (दक्षिण की कुंजी) के नाम से जाना गया क्योंकि इस क़िले पर विजय प्राप्त करने से विजेता का सम्पूर्ण ख़ानदेश क्षेत्र पर आधिपत्य स्थापित हो जाता था। और आज यही

असीरगढ़ बस चुपचाप या तो अपने इतिहास से बतिया रहा होता है या फिर चुपचाप आसमान की ओर ताक रहा होता है। आज आप यहाँ की अधिकतर संरचना खण्डहर में परिवर्तित हुई पाएँगे, जिनमें मुख्य हैं, एक कोने में एक मस्ज़िद दूसरे में गिरिजाघर, फाँसी ख़ाना, जहाँ क़ैदियों को फाँसी की सज़ा दी जाती थी, इधर-उधर बिखरे महल के अवशेष तथा कुछ परित्यक्त जल स्रोत।

आगे बढ़ने पर असीरगढ़ की मस्ज़िद की दो मीनारें साफ़ दिखायी देती हैं। यही असीरगढ़ की 'जामा मस्ज़िद' है। काले पत्थर से निर्मित। यह मस्ज़िद, बुरहानपुर शहर की जामा मस्ज़िद से कुछ वर्ष पूर्व निर्मित करवायी गयी थी। इस मस्ज़िद की लम्बाई लगभग नौ सौ फुट और चौड़ाई चालीस फुट है। इसकी छत पचास स्तम्भों पर आधारित है। इसके मेहराबदार दरवाज़े भी पत्थर के हैं। उत्तरी कोने की मेहराब में बुरहानपुर की जामा मस्ज़िद के शिलालेख की तरह संस्कृत का शिलालेख है।

मस्ज़िद से निकलकर, क़िले के पूर्वी उत्तरी भाग में सामने की ओर एक प्राचीन मन्दिर है। यह मन्दिर महाभारतकालीन अश्वत्थामा का पूजा स्थल बताया जाता है। मन्दिर के बाहर नन्दी विराजमान हैं और उनके सामने शिवलिंग व मूर्तियाँ हैं। इस मन्दिर में भी एक गुप्त रास्ता बताया जाता है, जो क़िले के बाहर, पहले दरवाज़े से कुछ दूर गंगा-यमुना तालाब के पास आकर समाप्त हो जाता है। सम्भव है कि शत्रु के क़िले में प्रवेश कर जाने पर एवं उस पर धोखे से पीछे की तरफ से आक्रमण करने हेतु यह गुप्त मार्ग बनाया गया हो। निरन्तर प्राकृतिक घटनाओं के घटित होते रहने के उपरान्त भी यह मन्दिर अब तक विद्यमान है।

ज्ञात इतिहास के अनुसार, यादवों के स्थानीय मुखिया, आसा अहीर ने चौदहवीं सदी में इस दुर्ग का निर्माण करवाया था। असीरगढ़ का नामकरण भी इन्हीं के नाम पर किया गया था। कालान्तर में फ़ारुक़ी नासिर ख़ान ने सन् चौदह सौ में आसा अहीर एवं उनके परिवार की धोखे से हत्या करवा दी थी।

इस क़िले में सबसे ऊँची खड़ी दो मीनारें, कहते हैं क़िले को जीतने के बाद, अकबर ने बनवायी थीं। ये मीनारें आज भी विजय की गवाह बनकर खड़ी हैं। और साथ ही एक सिक्का भी जारी किया था, जिस पर एक ओर बाज़ बना था। उसके बाद इस क़िले के पत्थरों का लगातार गिरना जारी रहा।

बदलते साम्राज्यों और बदलते हुए भौगोलिक परिवेश ने असीरगढ़ की मज़बूत दीवारों को गिरने पर मज़बूर कर दिया। साम्राज्यों के बनने और बिगड़ने की कहानियाँ भी तो किलों के खड़े रहने और नेस्तानाबूद होने से जुड़ी ही रहती हैं। यदि इतिहास में साम्राज्य विस्तार, राजनीति एवं शक्ति की चाह की परतें खोलनी हों तो जितनी अच्छी बयानबाज़ी क़िले कर सकते हैं, शायद कोई नहीं कर सकता। आसपास की पहाड़ियाँ, जिन्होंने इस क्षेत्र के उत्थान और पतन को देखा है, आज कितनी वीतरागी बनकर खड़ी हैं, आसमान के नीचे चुपचाप, समय ने जैसे उनके मुँह पर ताले जड़ दिये हों।

आधा दिन बीत चुका था। मैं दीवार का सहारा लिए बैठा दूर-दूर तक फैली पर्वत मालाओं को देख रहा था, अनुमान लगा रहा था कि किस तरह से लड़ाइयाँ संचालित होती होंगी, कहाँ लश्कर रुकता होगा मैं केवल अनुमान लगा रहा था और वह असीरगढ़, जिसने सब कुछ अपनी आँखों से देखा था, चुपचाप मुस्कुरा रहा था।

मैं नीचे उतर पड़ा धीरे-धीरे, जैसे कोई मन में उतरता है।

यह शहर भी ऐसे ही धीरे-धीरे मन में उतरता है, धीरे धीरे।

बुरहानपुर के लिए निकलने से पहले एक मित्र ने कहा था कि ख़ूनी भण्डारा ज़रूर देखना। इसे, ख़ूनी भण्डारा, कहा जाता है, लेकिन इसका ख़ून-खराबे से कोई सम्बन्ध नहीं है। यह है शुद्ध पानी का, कभी ख़त्म न होने वाला भण्डार। चूँकि इस पानी का रंग थोड़ा लाल था, अतः इसका नाम 'ख़ूनी' पड़ा।

मुग़लों ने अपने शासनकाल में बुरहानपुर को विकसित किया। उसका सीधा कारण सामरिक भी था और व्यापारिक भी। आज भी यह क्षेत्र कपास, केले एवं मक्का की पैदावार के लिए प्रसिद्ध है। मुग़लकाल में आगरा एवं सूरत, दो प्रमुख व्यापारिक केन्द्रों के बीच बुरहानपुर का अत्यन्त महत्त्व था। ऐसा भी कहा जाता है कि बुरहानपुर की कपास के कारण ही सूरत कपड़े का इतना बड़ा केन्द्र बन सका।

मोटे अनाज और खाद्यानों की पैदावार के मामले में यह क्षेत्र अब भी खासा प्रसिद्ध है, आज चाहे जिस ओर निकलिए, आपको केला, मक्का, तुहार, कपास के हरे-भरे खेत चारों ओर दिखते हैं। चूँकि बुरहानपुर दक्षिण

भारत में उनके फैलाव का एक आधार था। अतः बुरहानपुर को विकसित रखना मुग़लों की मज़बूरी थी।

यह शहर ताप्ती और उतावली नदी के किनारे बसा है और यहाँ सालाना लगभग आठ सौ मिलीमीटर वर्षा होती है, लेकिन मुग़ल सूबेदार अब्दुल रहीम ख़ानख़ाना को यही चिन्ता थी कि किस तरह से दो लाख की सेना और पैंतीस हज़ार नागरिकों की पानी की आवश्यकताओं को पूरा करने के लिए, उपलब्ध संसाधनों का भरपूर उपयोग किया जाये? ख़ानख़ाना ने ज़मीन के नीचे जल व्यवस्था विकसित करने की योजना बनायी, एक फ़ारसी भू-वैज्ञानिक तबकुतुल अर्ज ने इस विचार को साकार किया।

सन् सोलह सौ पन्द्रह में उन्होंने ख़ूनी भण्डारे का निर्माण किया, जिसमें एक सौ तीन कुण्डियाँ (एक प्रकार का कुआँ) थीं, जिनका एक कतार में निर्माण किया गया और इन्हें संगमरमर की जमीनी सुरंग में एक-दूसरे से जोड़ा गया। जल संरचना की बनावट इस तरह है कि पाँच किमी दूर तक बग़ैर मोटर पम्प के हवा के दबाव से पानी संचालित होता था। यह सीधा-सीधा ढाँचा गुरुत्वाकर्षण के सीधे नियम पर आधारित लगता है। इसका पानी सतपुड़ा पहाड़ की पहली कुण्डी से बहते हुए अन्तिम कुण्डी तक पहुँचता है। कुण्डी भण्डार में एक बिजली-चालित लिफ़्ट है, जो आपको तल तक ले जाती है।

नीचे आप एक जल संचयन प्रणाली देख सकते हैं। दुर्भाग्य से उस दिन यह लिफ़्ट बन्द थी। इस पूरी प्रणाली को देखना और समझना अपने आप में इतना रोमांचक है कि लिफ़्ट से नीचे न जा पाने का क्षोभ मन से नहीं उतरता, साथ ही उस समय के लोगों की बड़ी सोच, बृहत् योजना और दूरदर्शिता को प्रणाम करने का मन करता है। इतनी विकसित जल वितरण प्रणाली शायद ही दुनिया में कहीं और आपको देखने को मिले, इंजीनियरिंग का बेहतरीन उदाहरण।

ख़ूनी भण्डारा देखने के बाद मैं एक बार फिर से ताप्ती के किनारे खड़ा था, शाही क़िले के बिल्कुल ठीक नीचे। किसी भी नदी के किनारे आप थोड़ी देर ज़रा ठहरकर बैठ जाइये, आपको एक भरापन महसूस होता है, जैसे नदी का प्रवाह आपके भीतर से बह रहा हो। आप स्वयं नदी हुए जाते हैं, बहती हुई, कभी थमी हुई नदी-से। मैं नदी और क़िले के बीच में खड़ा था, जैसी नदी

और क़िला किसी को बीच में हमेशा चाहते हों, जो उन दोनों के बीच संवाद स्थापित करा सके।

मैं क़िले की भी सुनना चाहता था, इसीलिए उस तरफ चल पड़ा। इस क़िले में कुल सात तल हैं। नीचे की पाँच मंज़िलों में प्रवेश वर्जित है और नदी की ओर से, नीचे से भी क़िले में प्रवेश वर्जित है, घूमकर पीछे की ओर से क़िले में प्रवेश किया जा सकता है, इसे 'शनिवारा' कहा जाता है। तंग गलियों में समाया हुआ स्थानीय बाज़ार बेहद ख़ूबसूरत है। हर स्थानीय बाज़ार की अपनी विशेषताएँ होती हैं, स्थानीय विशेषताएँ। बिसातियों की दुकानों पर सजी रंग-बिरंगी मालाएँ, रिबन, श्रृंगार के सामान, खिलौने, रसोई के सामान, रंग-बिरंगे कपड़ों की दुकानें। यहाँ से गुज़रने का मन करता है, ठहरने का मन करता है। ये सामान आपके मतलब के हों या न हों, आँखों को नयापन देने के लिए बहुत हैं।

भारत के लोगों की मेलों-उत्सवों की जो प्रवृत्ति है, वह समूचे भारत में एक जैसी है। आज भी स्थानीय लोग, जो क़िला देखने आये हैं, उनको इस दुकानों पर बहुतायत देखा जा सकता है। मोल-भाव, पसन्द-नापसन्द में मशगूल लोग, छोटी-छोटी माँगों के पूरा होने पर चहकते हुए छोटे-छोटे बालक। कोई छोटा-सा खिलौना लेकर प्रसन्न है तो कोई नकली बालों की चोटी से खुश है। मानव स्वभाव ऐसा ही है, कभी-कभी छोटे से खिलौने से खुश और कभी-कभी बहुत कुछ मिल जायेगा तो भी वीतरागी। पर यहाँ तो हर कोई प्रसन्न ही दिख रहा है। कोई कुछ लेकर खुश, कोई कुछ देखकर खुश और कोई इन दोनों के बीच का सेतु बनकर खुश। बाज़ार की तंग गलियों को पार कर, आप बहुमंज़िले दरवाज़े से क़िले में प्रवेश करते हैं।

शाही क़िले का सर्वाधिक अनोखा भाग था हमाम अर्थात् शाही स्नानगृह। कहते हैं, इसका उपयोग स्वयं मुमताज़ महल करती थीं। इस हमाम की विशेषताएँ थीं, नीले-हरे रंग में रंगी छत तथा इसकी जल प्रणाली, जो इसे एक उत्तम जल स्रोत दर्शाती है। हमारे परिदर्शक ने हमारा ध्यान हमाम पर बने भित्तिचित्रों की ओर खींचा। वहाँ ताजमहल जैसा एक चित्र था, छत पर बना था, जिसे आगरा में निर्मित जगप्रसिद्ध संगमरमर के मकबरे का प्रेरणा स्रोत माना जाता है। इन चित्रों को देख ऐसा प्रतीत हो रहा था कि इन्हें तत्काल संरक्षण की सख़्त आवश्यकता है अन्यथा कुछ ही समय में ये नष्ट हो जायेंगे।

मैं अपलक उस छत की ओर देख रहा था, देख रहा था उस कल्पनाशीलता को, जो सैकड़ों साल पहले किसी के दिमाग़ में उपजी होगी।

इस दुर्ग का एक अन्य आकर्षण है— इसकी मजबूत और प्राचीन-प्राचीर, जहाँ से ताप्ती नदी का घाट तथा नदी के उस पार स्थित जैनाबाद देखा जा सकता है। यहाँ से नीचे देखते ही आपको ज्ञात होगा कि आप भू-तल पर नहीं बल्कि चौथी मंज़िल पर खड़े हैं। निचली मंज़िलों पर जाने की अनुमति नहीं है, किन्तु नदी के तीर खड़े होकर आप इन्हें स्पष्ट देख सकते हैं, जैसे नदी के किनारे बने देवालय अपलक इस क़िले को देखते हैं। नदी के बैकड्रॉप में विशाल महल, यह आज की किसी भव्य और ऐतिहासिक फ़िल्म के सेट जैसा लगता है।

बुरहानपुर के पास से बहती ताप्ती नदी के घाट पर कई छोटे व रंग-बिरंगे मन्दिर हैं। ये मन्दिर भिन्न-भिन्न तलों पर बने हैं। अत: इनके द्वारा ताप्ती के जल स्तर का प्राकृतिक अनुमान आसानी से लगाया जा सकता है। पुराने लोग ऐसा बताते हैं कि यदि यहाँ बुरहानपुर में जल का स्तर चटक लाल रंग के मन्दिर तक पहुँचा तो अगले दिन, तीन सौ किलोमीटर दूर स्थित, सूरत में बाढ़ की पूरी सम्भावना होगी। गर्व होता है कि हमारी प्राचीन प्रणालियाँ कितनी अप्रतिम एवं व्यावहारिक बुद्धिमत्ता से परिपूर्ण होती थीं।

यहाँ किसी से भी पूछो कि बुरहानपुर में देखने लायक कौन-कौन-सी जगह हैं तो वो सीधे-सीधे उँगलियों पर गिनवाने लगता है। शुरू की उँगलियों पर ही जो नाम आता है, वह है, यहाँ का प्रसिद्ध गुरुद्वारा। हम क़िले से उस प्रसिद्ध गुरुद्वारे के लिए निकले, रास्ते में सड़क के किनारे हमने बहुत ही मज़ेदार कुछ ऐसा देखा कि हम रुके बिना नहीं रह सके।

बड़े-बड़े कड़ाहों को उल्टा कर, उन्हें तन्दूर पर रखकर रूमाली रोटियाँ बन रही थीं। रूमाली रोटी तो बहुत देखी थी, लेकिन इतनी बड़ी-बड़ी रूमाली रोटियाँ...

मैं एक दुकान के पास जा खड़ा हुआ, दुकान पर पाँच लोग काम कर रहे थे। दुकान के मालिक, शादाब ने बताया कि रूमाली रोटी जैसी दिखने वाली इन रोटियों को 'माण्डा रोटी' कहा जाता है। माण्डा रोटी के स्थानीय लोग तो फैन हैं ही, बल्कि यहाँ आने वाले देशी-विदेशी पर्यटक भी इस रोटी को देखकर

कायल हो जाते हैं। बुरहानपुर का इतिहास जितना पुराना है, उतनी ही पुरानी है माण्डा रोटी। इस माण्डा रोटी को बनाने वाले शहर में 60 से अधिक परिवार हैं, जो इससे ही अपना जीवन यापन करते हैं। शादाब ने बताया कि जब मुग़ल शासकों ने बुरहानपुर को फौजी छावनी बनाया, तब कम समय में अधिक मात्रा में भोजन तैयार करने का संकट खड़ा हो गया था। इसी बीच स्थानीय बावर्चियों ने बड़े आकार की रोटी यानी माण्डा रोटी बनाने का सुझाव दिया।

पुराने समय में लगभग आधा क़िलो आटे से एक रोटी तैयार की जाती थी जबकि वर्तमान में माण्डा रोटी का आकार घटने के बाद भी, यह देश में सबसे बड़े आकार की रोटी है। फिलहाल एक किलो गेहूँ के आटे में चार रोटियाँ बनकर तैयार होती हैं। कई परिवार ऐसे हैं, जो कई पीढ़ियों से माण्डा रोटी बनाने के व्यवसाय में लगे हैं। एक रोटी में एक परिवार का पेट आराम से भरा जा सकता है, और स्वाद? लाजवाब। पीढ़ियों-दर-पीढ़ियों पुरातन परम्पराओं का संवर्धन हमारी सांस्कृतिक परम्पराओं को और अधिक ऊँचाई देता है।

माण्डा रोटी का आनन्द लेकर हम गुरुद्वारे की तरफ आगे बढ़े। प्रवेश-द्वार के बाहर ही आसीम आध्यात्मिक शान्ति। दुनिया के किसी भी कोने में, किसी भी गुरुद्वारे में आप चले जाइये, इस आद्यात्मिक शान्ति का अनुभव आपको वैसा ही होगा।

यहाँ पर सिखों के प्रथम गुरु, श्री गुरु नानकदेव जी महाराज एवं दसवें गुरु, श्री गुरु गोविन्द सिंह जी महाराज पधारे थे। कुछ समय वे यहाँ पर रहे और धर्म-ज्ञान की अलख जगायी। आज भी यहाँ पर राजघाट और लोधीपुरा में बड़ा गुरुद्वारा स्थित है, जहाँ प्रतिवर्ष हज़ारों श्रद्धालु माथा टेकने आते हैं। यह गुरुद्वारा, अमृतसर रो नांदेड़ के बीच, सिख समाज का एक महत्वपूर्ण धार्मिक स्थान है। यहाँ सिख समाज के दसवें गुरु, श्री गुरु गोविन्द सिंह जी महाराज ने सन् सत्रह सौ आठ में पंजाब से नांदेड़ गमन के दौरान, छह माह नौ दिन निवास कर, अपने श्रीमुख से उच्चारित और सन्त हठेसिंहजी से लिखवाये गये 'गुरुग्रंथ साहेब' पर अपने हस्ताक्षर कर इसे अमर बना दिया।

यहाँ श्री 'गुरुग्रंथ साहेब' की सुनहरी बीड़ होने से यह स्थल अत्यन्त पवित्र हो गया। अतुल्य 'ग्रन्थ साहिब' को आप उस वीडियो में देख सकते हैं, जो यहाँ एक पटल पर हमेशा दिखायी जाती है। इस 'ग्रन्थ साहिब' की

मूल प्रति वर्ष में केवल एक बार ही भक्तों के समक्ष प्रदर्शित की जाती है। शुभ्र, स्वच्छ, श्वेत रंग में रँगा यह एक विशाल गुरुद्वारा है। असीम शान्ति और श्रद्धा, मानो ताप्ती एक अलग ही रूप में यहाँ बह रही है, विश्वास, आस्था और समर्पण की ताप्ती... गुरुद्वारे से बाहर निकलकर भी यह प्रवाह आपके साथ-साथ चलता है।

गुरुद्वारे से थोड़ी ही दूर पर दरगाह-ए-हक़ीमी मुझे बुरहानपुर का सर्वाधिक संरक्षित स्थल प्रतीत हुआ। श्वेत रंग के मक़बरों पर चाँदी के नक्काशे हुए द्वार हैं। इन मक़बरों के चारों ओर के बगीचे अत्यन्त मनमोहक तो हैं ही, साथ ही इनका रखरखाव भी अत्यन्त सजगता से किया हुआ प्रतीत हुआ। मुझे लगा कि इस स्थान को स्वच्छता पुरस्कार हेतु अनुमोदित किया जा सकता है। रस्म के अन्तर्गत दर्शनार्थी इस दरगाह में घोड़ागाड़ी अथवा ताँगे पर बैठकर आते हैं। अत: आपको दरगाह के बाहर, बाज़ार में कई रंग-बिरंगे ताँगे दिखायी देते हैं।

इस स्थान पर प्रसिद्ध बोहरा, सन्त सय्यदी अब्दुल कादिरहकीमुद्दीन को दफ़न किया गया था। वे साहित्य के व्यक्ति थे और 'बुलोहर' और 'बुजाजफ' की पुस्तकों की रचना उन्होंने की थी। कहते हैं कि वे उर्दू, संस्कृत, फारसी और अरबी में एक महान लेखक थे। उन्होंने 'कलीला वाधिमा' नामक एक पुस्तक में कुछ संस्कृत पुस्तकों की सामग्री का अरबी में अनुवाद किया। उन्हें अपनी धर्मपरायणता, विनम्रता और अत्यधिक शालीनता के लिए जाना जाता था। ऐसा कहा जाता है कि जो कोई भी व्यक्ति अपने होंठों पर प्रार्थना लेकर यहाँ आता है, वह निराश नहीं होता है। पारम्परिक वेशभूषा में महिलाएँ, पुरुष और बालकों के चेहरे पर एक प्रसन्नता और सन्तोष साफ़-साफ़ दिखता है, सर पर चमकने वाले सूरज से मानो प्रतिस्पर्धा लगी हो।

भारत में पर्यटन विकास के लिए यह एक मॉडल हो सकता है। यात्रियों की सुविधाएँ, साफ़-सफ़ाई, वास्तुकला और रख-रखाव सन्तोष देता है। सफेद संगेमरमर से बनी दरगाहें, धूप में इतना चमकती हैं कि आँखें चौंधियाती हैं। दरगाह के बाहर एक छोटा-सा बाज़ार है। बोहरा समाज के पहनावे, खान-पान की दुकानें सजी रहती हैं। ऐसी मान्यता प्राप्त स्थलों से हर कोई आने वाला व्यक्ति प्रतीक के रूप में कुछ-न-कुछ ले जाना चाहता है, वह भीड़ यहाँ भी

दिखती है। यहाँ ठहरने का मन करता है, पर समय कहाँ मानता है? बस, गुज़रते रहने की ज़िद पकड़े भागा जा रहा है। समय को बाँधने की ज़रूरत थी कि पूरी तरह से बुरहनपुर के हर पहलू को देखा जा सके इसलिए हम जामा मस्ज़िद की और बढ़ चले।

कहते हैं कि भारत में जितनी भी जामा मस्ज़िदें हैं, उनसे बुरहानपुर कि यह मस्ज़िद कई मायनों में सबसे महत्वपूर्ण है। हम एक बड़े दरवाज़े से मस्ज़िद में प्रवेश करते हैं। यह मस्ज़िद पूर्णतः 'संगेखारा' नामक पत्थर से निर्मित की गयी है। बताया जाता है कि इस मस्ज़िद के निर्माण के लिए, बड़े परिश्रम से माण्डवगढ़ की पहाड़ियों से इन पत्थरों को मँगवाया गया था।

यह मस्ज़िद पन्द्रह सुन्दर कमानों पर आधारित है। इसके प्रत्येक स्तम्भ के ऊपरी भाग पर बहुत ही सुन्दर सूरजमुखी फूल खोदे गये हैं, जो उत्कृष्ट शिल्पकारी के नमूने हैं। पत्थरों को इस प्रकार रखा गया है कि जैसे-जैसे पत्थर ऊपर उठते जाते हैं, वैसे-वैसे कमानों के साथ, अपने आप छत तैयार हो जाती है। यह कमाल का वास्तु है। मस्ज़िद की लम्बाई में पाँच दालान और चौड़ाई में पन्द्रह दालान हैं। मस्ज़िद के अन्दर, पश्चिम दिशा की दीवार पर पन्द्रह मेहराबें हैं। हर एक मेहराब पर अत्यन्त ही सुन्दर नक्काशी उकेरी गयी है।

मस्ज़िद की इस मध्य कमान के ऊपरी भाग पर, अरबी भाषा में अत्यन्त सुन्दर ढंग से आलेख खुदा है। इसमें 'क़ुरान शरीफ़' की आयतों का अर्थ, हदीस पाक, जिसमें मस्ज़िद निर्माण किये जाने का महत्त्व, निर्माणकर्त्ता बादशाह का नाम, इमारत की सुन्दरता की सराहना, मस्ज़िद के शिलान्यास सन् तथा अन्त में लेख खोदने वालों के नाम अंकित हैं। दूसरा शिला लेख मस्ज़िद के उत्तरी भाग के कोने वाली मेहराब के ऊपरी भाग में अरबी भाषा में है। इसमें भी 'क़ुरान पाक' की आयतें हैं।

तीसरा लेख इसी अरबी लेख के नीचे है। यह संस्कृत भाषा और प्राचीन देवनागरी लिपि में खुदा है। यह छः पंक्तियों में है। अन्त में मस्ज़िद का निर्माण सन्, महीना, दिन, पल, घड़ी अंकित है। अतः मूल आलेख प्रस्तुत किया गया है। एक हज़ार बड़े-बड़े मनकों की एक लम्बी जपमाला भी यहाँ रखी हुई है। आप जब भी इस मस्ज़िद को देखने यहाँ आएँ, मौलवी से इन्हें देखने का आग्रह अवश्य करें। यह अपने आप में विशेष है।

ताप्ती नदी के दूसरे तट पर स्थित जैनाबाद, बुरहानपुर की जुड़वाँ नगरी है। पुल द्वारा आप यहाँ पहुँच सकते हैं। अब तो यहाँ एक नये पुल का निर्माण भी हो गया है। हमारे साथ बुरहानपुर का एक साथी था, जो रास्तों को बेहतर जानता था। मैंने कहा कि आहूख़ाना देखना है। उसने आश्चर्य से मेरी और देखा क्योंकि उसे रास्ता पता ही नहीं था। आहूख़ाना जैसी कोई जगह है, उसे यह नहीं पता था। स्थानीय लोगों से पूछते-पूछते हम किसी तरह से आहूख़ाने की चारदीवारी तक पहुँचे। किसी ऐतिहासिक स्थान को देखने जाने के लिए शायद अब तक के सबसे ख़राब रास्ते से गुज़रकर हम आहूख़ाना तक पहुँचे थे। अन्दर पहुँचे तो मन खिन्न हो गया। अन्दर झाड़-झंखाड़ का पूरा जंगल खड़ा था और बिलकुल बीच में खण्डहर...

इस बाग़ का प्रयोग मूलतः मुग़ल स्त्रियों द्वारा शिकार हेतु किया जाता था। हिरण को पारसी में 'आहू' कहा जाता है। अतीत में इस शिकार- ख़ाने के विशाल परिसर में कई हिरणों को खुला छोड़ दिया जाता था, ताकि उन्हें मार कर मुग़ल स्त्रियाँ भी शिकार कर सकें। जहाँगीर के बाद, शाहजहाँ के हाथ में सत्ता आ गयी, जो पहले बुरहानपुर का सूबेदार रह चुका था। मुमताज़ महल को यह जगह बेहद पसन्द थी। उसने कश्मीर के निशातबाग़ की तरह ही आहूख़ाने को गुलाब बाग़ में बदल दिया। पूरे मुग़लकाल में यह जगह हिन्दुस्तान का दूसरा सबसे सुन्दर गुलाब बाग़ कहा जाता था। इस जगह का ज़िक्र फ़ारसी कवि 'फ़िरदौसी' ने अपनी किताब 'शाहनामा' में भी किया है।

मुमताज़ महल ने यहाँ एक बारादरी का निर्माण भी करवाया था, जहाँ अक्सर नृत्य और संगीत के आयोजन हुआ करते थे। आहूख़ाना की प्रसिद्धि का एक कारण यह भी है कि मुमताज़ महल की मृत्यु के पश्चात्, उनके पार्थिव देह को आगरा ले जाने से पूर्व, छह मास की अवधि के लिए यहाँ दफनाया गया था। जहाँगीर के शासन सँभालते ही, नूरजहाँ के लिए ये सबसे प्रिय जगह बन गयी। कहते हैं कि महल गुलआरा की बरदारी से, यहाँ आहूख़ाने तक पानी लाने की एक बड़ी विस्तृत योजना बनी थी। आहूख़ाने के भीतर की नहर इस बात के प्रमाण के रूप में आज भी उपस्थित है।

जब बात महल गुलआरा की चल पड़ी थी तो मन में जिज्ञासा उसे देखने की भी हुई। महल गुलआरा, बुरहानपुर से लगभग बीस किलोमीटर

दूर, अमरावती रोड पर सिंघखेड़ा से उत्तर की दिशा में है। फ़ारूक़ी बादशाहों ने पहाड़ी नदी, बड़ी उतावली के रास्ते में लगभग तीन सौ फीट लम्बी एक सुदृढ़ दीवार का बाँध बाँधकर, पहाड़ी जल संग्रह कर सरोवर बनाया और जलप्रपात रूप में परिणत किया। आज भी सरोवर से गिरने वाला पानी प्रपात रूप में गिरता है तो एक अलग ही दृश्य उत्पन्न करता है।

कहते हैं, जब शाहजहाँ अपने पिता जहाँगीर के कार्यकाल में बुरहानपुर आया था, तब ही उसे 'गुलआरा' नाम की गायिका से प्रेम हो गया था। 'गुलआरा' अत्यन्त सुन्दर होने के साथ-साथ, अच्छी गायिका भी थी। शाहजहाँ ने विवाह कर उसे 'गुलआरा' की उपाधी प्रदान की थी। शाहजहाँ ने करारा गाँव में उतावली नदी के किनारे दो सुन्दर महलों का निर्माण कराया और इस गाँव के नाम को परिवर्तित कर, बेगम के नाम से 'महल गुलआरा' कर दिया। आज इन महलों की स्थिति बहुत अच्छी नहीं है, किन्तु इसे देखकर पुराने वैभव का अन्दाज़ा लगाया जा सकता है।

यह कोई शहर नहीं है। ऐसा लगता है, जैसे कोई ऐतिहासिक उपन्यास हो। हर एक नया पृष्ठ, एक नया घटनाक्रम खोलकर आपके सामने रख देता है, एक-एक शब्द अपने आप में एक कहानी बुनता हुआ चलता है। मैं यही सब सोच रहा था, तभी मित्रों ने कहा, जब इतना कुछ देख लिया है तो राजा जयसिंह की छतरी भी देख ही ली जाये। लीजिये! इतिहास का नया पृष्ठ खुला, राजा जयसिंह और बुरहानपुर...

बुरहानपुर नगर से थोड़ी दूरी पर तापी नदी एवं मोहना नदी का संगम है। यहाँ तक पहुँचना आसान नहीं है। सड़क की हालत ऐसी कि कई बार वापस लौटने का मन होता है, पर लौटने वाले मन पर लौटकर देखने वाला मन चढ़ बैठता है। काफ़ी दूर से यह स्मारक दिखने लगता है, बिलकुल ताप्ती के किनारे लेकिन जैसे उदास सा या ताप्ती से कुछ नाराज़-सा? यह राजा जयसिंह की छतरी अथवा स्मारक है। इस इकलौते मण्डप में बत्तीस स्तम्भ एवं पाँच गुम्बद हैं। ऐसा कहा जाता है कि मुग़ल सम्राट् औरंगज़ेब के आदेश से राजा जयसिंह के सम्मान में इस छतरी का निर्माण हुआ था। दक्खन में राजा जयसिंह मुग़लसेना के सेनापति थे। दक्खन अभियान से लौटते समय बुरहानपुर में राजा जयसिंह की मृत्यु हो गयी थी। कहा जाता है कि इस स्थान पर उनका दाह-

संस्कार किया गया था। यह एक अद्‌भुत स्मारक है, वीराने में खड़ा हुआ, मानो बस ख़ुद से ही बतियाता रहता हो। कभी-कभी ताप्ती को आवाज़ लगाता हो और ताप्ती उसकी आवाज़ को अनसुना कर, बस बहे जा रही है।

पूरा दिन इतनी कहानियाँ और क़िस्सों के बीच गुज़रा था कि अपने चारों और मुझे बस पात्र ही पात्र नज़र आ रहे थे। शाम घिर आयी थी। दूर शाही महल के पीछे, सूरज अपनी सिन्दूरी लालिमा छोड़कर, कहीं दुबक चुका था। राजा जयसिंह की छतरी से सूरज का डूबना, वह दृश्य आँखों से नहीं बिसरता... रात की ट्रेन से मुम्बई निकलना था, उँगलियों पर गिने हुए कई स्थान छूट गये थे, मैंने ताप्ती को अलविदा कहा कि अगली बार उँगलियों पर गिने हुए सारे स्थान देखूँगा...

कालिंजर

एक टीला लिपा-पुता सा

कई बार यह सच लगता है कि जीवन की पटकथा का हर एक पन्ना पहले से ही लिखा हुआ है। कितने सारे रंगों से इतना रँगा-पुता है कि उस पर कुछ नया लिखना असम्भव-सा होता है। आपको यह लग रहा होता है कि रंगों और तूलिकाओं पर आपका अधिकार है, लेकिन आप मूक केवल जीवन के कैनवास पर उभरते और बदलते रंगों को देख रहे होते हैं।

पिछले दिनों फिर से यह एहसास हुआ। फिर से कालिंजर जाना है, पिछली बार के जाने को जाना नहीं कह सकते। बस, छूकर आये थे छूने की भी औपचारिकता की थी। तभी सोच लिया था, कभी फुर्सत से आएँगे। उतनी ही फुर्सत से जितनी फुर्सत से ये कालिंजर का क़िला अपने सिर पर आसमान ओढ़े बैठा है। जितनी फुर्सत से क़िले और आसपास की पहाड़ियाँ आपस में बतियाने में लगी हैं, उतनी ही फुर्सत से जितनी फुर्सत से कालिंजर का इतिहास किताबों में बैठा है।

हम बाँदा से कालिंजर के लिए निकले थे। गाड़ी, खेतों, पेड़ों, घरों, दुकानों को पीछे छोड़ते हुए हम चले जा रहे थे। रास्ते हमें कभी भी अकेले नहीं मिलते, उनके आस-पास बिखरा हुआ सब कुछ हमारी यात्रा का हिस्सा होता है। खेतों में हल चलाने से लेकर, स्कूल जाने वाले बालकों की कतारों तक सब कुछ, ऐसा लगता है जैसे यही सब देखने के लिए तो नियत किया गया है। पहले से तय है कि किस पल आँखों के सामने से कौन सा मंज़र गुज़रेगा। मैं इसी सब में उलझा था, तभी मुझे प्रसिद्ध उपन्यासकार वृन्दावन लाल वर्मा का 'रानी दुर्गावती' नामक उपन्यास का सन्दर्भ याद आ गया, जिसमें उन्होंने

रानी दुर्गावती को कालिंजर नरेश कीर्तिसिंह की पुत्री बताया है। रानी ने दलपत शाह से प्रेम विवाह किया था व अकबर की सेना से युद्ध करते हुए वीरगति को प्राप्त हो गयी थी। प्रेम और बलिदान की कैसी अनोखी कहानी, आज उसी कालिंजर से मिलना है, बतियाना है।

मध्य प्रदेश एवं उत्तर प्रदेश का यह सीमावर्ती क्षेत्र। बुन्देलखण्ड के प्रचलित जनजीवन का प्रभाव यहाँ चारों और साफ-साफ दिखता है। भौगोलिक और सांस्कृतिक विविधताओं के बावजूद, बुन्देलखण्ड में जो एकता और समरसता है, उसके कारण यह क्षेत्र अपने आप में सबसे अनूठा बन पड़ता है। बुन्देलखण्ड के लोक-जीवन के सांस्कृतिक पक्ष में लोकसंगीत, लोकगीत, लोकनृत्य, लोकवाद्य, लोककथाएँ, लोकगाथाएँ, बुझौअल, पहेली, व्रत, पूजन, अनुष्ठान, लोकदेवता, ग्रामदेवता, मेलों आदि का समावेश है। भू-अलंकरण, मूर्तिकला, काष्ठशिल्प, वेशभूषा, आभूषण, गुदना, इस क्षेत्र की श्रेष्ठ सांस्कृतिक समृद्धता है।

यहाँ मुस्कुराते हुए ताल-तलैया, शोर मचाकर बहने वाले नाले और चौड़े पाट के साथ, उज्ज्वल रेत पर निनाद करते हुए, बहने वाली नदियाँ, इसके श्रृंगार को पूर्ण करती है। काली सिंध, बेतवा, धसान, केन तथा नर्मदा इस भाग की मुख्य नदियाँ हैं। बुन्देलखण्ड की अपनी विषेशताएँ यहाँ चारों ओर दिखती हैं।

किताबों वाला बुन्देलखण्ड कुछ अलग ही तस्वीर दिखाता है, सूखा और मटमैला, लेकिन ऐसा नहीं लगता। सिंचाई के साधनों के कारण अब तस्वीर अलग ही दिखने लगी है, जैसे मटमैले लैंडस्केप में कोई हरा रंग भरने लगा हो। दूर-दूर तक फैले खेतों की कतारें एक अलग ही तस्वीर पैदा करती हैं।

बुन्देलखण्ड, विन्ध्याचल की ऊँची-नीची ज़मीन का प्रदेश है। इस क्षेत्र में अनेक ऊँची-नीची शाखाएँ हैं। इसके दक्षिण भाग में मेकल, पूर्व में कैमोर, उत्तर-पूर्व में केंजुआ, मध्य में सारंग और पन्ना तथा पश्चिम में भीमटोर और पीर जैसी गिरि शिखाएँ हैं। बुन्देलखण्ड लोहा, सोना, चाँदी, शीशा, हीरा, पन्ना आदि से भी समृद्ध है। इसके अलावा यहाँ चूना का पत्थर भी प्रचुर मात्रा में पाया जाता। साथ में यात्रा करने वाले सहयात्रियों से भी हमें बहुत कुछ जानने और सीखने को मिलता है।

बुदेलखण्ड के प्राचीन इतिहास के सम्बन्ध में सर्वाधिक महत्वपूर्ण धारणा यह है कि यह प्राचीन चेदि जनपद का हिस्सा रहा है। कुछ विद्वान चेदि जनपद को ही प्राचीन बुन्देलखण्ड मानते हैं। पौराणिक काल में बुन्देलखण्ड प्रसिद्ध शासकों के अधीन रहा है, जिनमें चंद्रवंशी राजाओं के शृंखलाबद्ध शासनकाल का उल्लेख सबसे अधिक है। बुन्देलखण्ड के बीते वैभव की झलक हमें आज भी इस भूमि पर छिटके हुए पाषाणकाल से प्राप्त होती है। इस भूमि पर इस कला ने कितना आदर पाया और उसका कितना विकास हुआ, यह बात पुरातत्व विशेषज्ञों से छिपी नहीं है।

कहीं कोई प्राचीन मन्दिर, कोई क़िला या गढ़ी, पुराने तालाब, जगह जगह पर ये थातियाँ बिखरी पड़ी हैं। हाँ, अभी भी कई स्थानों पर उन धरोहरों को सहेजने की बहुत अधिक आवश्यकता है। दूर पहाड़ी पर कालिंजर अभी तक सोया हुआ था, हालाँकि इस क्षेत्र में सूरज सबसे पहले दस्तक उसी के दरवाज़े पर देता है, आज भी दी होगी, पर चैत की उस अलसायी हुई ठण्ड ने अभी तक कालिंजर का साथ नहीं छोड़ा था। अलसाया हुआ कालिंजर... इसी कालिंजर को अपराजेय कहा जाता रहा है। आज नींद पर विजय प्राप्त करके सोया हुआ है।

सैकड़ों सालों तक असंख्य युद्धों, अनवरत संघर्षों, राजसत्ताओं के बदलावों, राजनीति की चालों और समय के थपेड़ों ने कालिंजर को कुछ तो बदला ही होगा। सूरज अभी-तभी पहाड़ियों के पीछे से ऊपर झाँकने की कोशिश में लगा था। कभी कितना चपल और मुखर तो कभी कितना प्रशान्त और गम्भीर! ये सूरज कई बार मुझे बहुत मायावी लगता है, शैतान बालक के जैसा! कब क्या कर बैठे, पता ही नहीं चलता।

मैंने ड्राइवर से पूछा, "पहले कभी गये हो कालिंजर?"

"कई बार गया हूँ जी?"

"क्या अच्छा लगता है वहाँ?" मैंने जिज्ञासा से पूछा।

"अच्छा?"

"मुझे तो समझ में ही नहीं आता कि उन पुराने खण्डहरों को देखने लोग जाते ही क्यों हैं? टूटी-फूटी दीवारों और पत्थरों के अलावा वहाँ है ही क्या?

मैं अगली सीट पर बैठा, उसे अनवरत देख रहा था। एक बार तो मेरा सारा उत्साह ही ठण्डा हो गया ...जिस कालिंजर के बारे में मैंने इतना कुछ सुना था...

मुख्य मार्ग से बायीं ओर एक पतली-सी सड़क पर गाड़ी मुड़ी।

सड़क के दोनों और छोटे-छोटे मकान, अधिकांश कच्चे ...और उन पर चटक आसमानी रंग पुता हुआ। बुन्देलखण्ड के ज़्यादातर इलाक़ों में कच्चे मकानों पर यहाँ चटक रंग खपरैलों के साथ ख़ूब खिलता है।

सड़क के किनारे सब्ज़ियों और फलों की छोटी-छोटी दुकानें हैं; ताज़े, मौसमी और चमकदार फल।

साथी ने ड्राइवर को रोका-

मैं भी साथ में उतरा। बूढ़ी औरत ज़मीन पर कपड़ा बिछाये सीताफल लिए बैठी है— दस के दो; पूछने पर यही बताया उसने।

"कलिंजर जा रहे हैं?"

"हाँ।" साथी ने बताया।

"सुबह-सुबह नीलकण्ठ के दर्शन करना शुभ होता है।"

कुछ सीताफल (शरीफा) ख़रीदे हैं। बूढ़ी काकी दो ज़्यादा देती है।

हम वापस चले तो आवाज़ लगाती है, "और सुनो-बीजों को कच्ची ज़मीन में फेंकना। क्या पता कोई पेड़ उग आये?"

कैसे लोग हैं ये? किस दुनिया में रहते हैं? अभी भी हमारे शहरों में दुकान वाले हर चीज़ सोने के भाव तोलते हैं। यहाँ निर्मल भाव से दो ज़्यादा डाल दिये।

आज पर्यावरण संरक्षण के नाम पर बड़े-बड़े अभियान चलाने वालों को यह सीखना चाहिए कि प्रकृति के साथ स्नेह, उसके संरक्षण की चिन्ता हर व्यक्ति को मन में सदैव रखनी होगी।

बूढ़ी माँ को उसके कहे का आश्वासन देकर हम वापस गाड़ी में आ गये।

थोड़ी देर बाद एक प्रवेश-द्वार के साथ क़िले की चढ़ाई वाली सड़क शुरू हो गयी। नीचे खेतों के भू-दृश्य साफ़ दिखने लगे।

दूर बागिन नदी दिखती है, जो केवल वर्षा काल में ही बहती है। यह कालिंजर से कुछ मील की दूरी पर स्थित है व पन्ना जिले में बृहस्पति कुण्ड से

निकलती है और दक्षिण-पश्चिम दिशा से उत्तर-पूर्व की ओर बहते हुए यमुना नदी में मिल जाती है। कालिंजर की पहाड़ी से बागिन एक बारीक पतली रेखा सी दिखती है, स्वयं एक पनिहारिन के जैसी तराशी हुई, कहीं सीधी रेखा-सी तो कहीं इतने बल कि समझना मुश्किल हो जायेगा कि नदी है या फिर अमलतास की कोई बेल फैली है, जो कहीं से भी रास्ता बना लेती है।

हमने गंगा के बारे में सुना है कि भगवान् शंकर कि जटाओं में गंगा उलझ गयी थी। मुझे तो हर नदी का यही लगता है कि वह कहीं न कहीं भगवान् शंकर की जटाओं में फँसकर बाहर निकलती है।

यह बाघिन मुझे ऐसी ही लगती है, कहीं फँसी हुई, कहीं निकलकर तेज़ी से भागती हुई।

विन्ध्याचल पर्वत की जिस पहाड़ी पर कालिंजर दुर्ग निर्मित है, यह दक्षिण पूर्वी विन्ध्याचल पर्वत श्रेणी का भाग है। यह समुद्र तल से लगभग हज़ार फिट की ऊँचाई पर कुल लगभग बीस हज़ार वर्ग मी. के क्षेत्रफल में बना है। पर्वत का यह भाग लगभग ग्यारह सौ मी. चौड़ा है व लगभग आठ किमी में फैला हुआ है। इसके पूर्वी ओर एक अन्य छोटी, किन्तु ऊँचाई में इसी के बराबर पहाड़ी है, जो 'कालिंजरी' कहलाती है। स्थानीय लोग कहते हैं कि ये दोनों जुड़वाँ भाई-बहन हैं। कुछ दूरी अवश्य है पर हमेशा एक-दूसरे को देखते रहते हैं, बतियाते रहते हैं।

कैसा मनोरम दृश्य उत्पन्न होता है, पहाड़ियों से घिरी एक पहाड़ी, जो बिलकुल अकेली है, पास और दूर का अद्‌भुत दर्शन।

अकेलेपन और एकान्त का दर्शन, इसमें भी एक सौन्दर्य छिपा है। इस अकेली पहाड़ी पर कालिंजर एक उदास देवता कि तरह मन्द-मन्द मुस्कुरा रहा है, सौम्य और समतावान।

मैं कालिंजर को देखकर यह सोच रहा था कि इस तरह के किलों के निर्माण के पीछे क्या केवल सामरिक और राजनैतिक महत्त्व रहता होगा, लेकिन इसके आध्यात्मिक, आर्थिक और सामाजिक सराकारों का क्या?

चक्करदार सड़क मुख्य मार्ग से बायीं और होते ही, सड़क थोड़ी जर्जर अवस्था में थी, लेकिन चढ़ाई शुरू होते ही, सड़क अच्छी हो गयी। ड्राइवर सबसे पहले नीलकंठ मन्दिर चलने को कहता है।

"मैंने पूछा, क्यों?"

कहता है, "भोर हुआ है, पहले भगवान् के चरणों के दर्शन करिये।" यह आस्था, विश्वास और श्रद्धा इस देश कि धमनियों में बहती है, मैं भी मुस्कुरा देता हूँ। एक ख़ूबसूरत प्रवेश-द्वार जैसी संरचना। हम सीढ़ियाँ उतरना शुरू करते हैं। लगभग सौ मीटर नीचे उतरना है। सीढ़ियाँ दुर्ग के अनुसार ही बनी हैं, बड़ी और खड़ी। मुश्किल लगता है उतरना, उस समय के लोगों के शारीरिक सौष्ठव के हिसाब से ही बनी होंगी। दो-चार बार चढ़-उतर लो तो व्यायामशाला जाने की ज़रूरत ही न पड़े।

सीढ़ियों के पास ही वह विदेशी पर्यटकों का ग्रुप जमा था, जिसे गाइड बता रहा था। इतिहास के उतार-चढ़ावों का प्रत्यक्ष गवाह यह कालिंजर क़िला हर युग में विद्यमान रहा है। इसने सतयुग में कीर्तिनगर, त्रेतायुग में मध्यगढ़, द्वापर युग में सिंहलगढ़ और कलियुग में कालिंजर के नाम से ख्याति पाई है। कालिंजर का पौराणिक महत्व महादेव के विषपान से है। ऐसा कहते हैं कि समुद्र मंथन में मिले कालकूट विष को पीने के बाद, शिव ने इसी दुर्ग में आराम करके, काल की गति को मात दी थी। महाभारत के युद्ध के बाद युधिष्ठिर ने यहाँ कोटतीर्थ में स्नान किया था। वेदों में इस कालिंजर को सूर्य का निवास माना गया है। 'पद्म पुराण' में इसकी गिनती सात पवित्र स्थलों में की गयी है। 'मत्स्य पुराण' में इसे उज्जैन, काशी और अमरकंटक के साथ अविमुक्त क्षेत्र कहा गया है। जैन ग्रंथों और बौद्ध जातकों में इसे 'कालगिरी' कहा जाता था। वेदों में उल्लेख के आधार पर ही इसे दुनिया का सबसे प्राचीन क़िला माना गया है।

वैसे मैं कहीं भी किसी ऐतिहासिक स्थल पर जाऊँ तो मुझे गाइड की ज़्यादातर बातें मनगढ़ंत लगती हैं। यहाँ भी एक बार को लगा कि अतिशियोक्ति है, फिर भी मैं गाइड को सुन रहा था।

कालिंजर का अपराजेय क़िला प्राचीन काल में जेजाकभुक्ति साम्राज्य के अधीन था। जब चन्देल शासक आये तो इस पर महमूद गज़नवी, कुतुबुद्दीन ऐबक और हुमायूँ ने आक्रमण कर इसे जीतना चाहा, पर क़ामयाब नहीं हो पाए। अन्त में अकबर ने 1569 ई. में यह क़िला जीतकर बीरबल को उपहार स्वरूप दे दिया। बीरबल के बाद यह क़िला बुन्देल राजा छत्रसाल के अधीन

हो गया। इनके बाद क़िले पर पन्ना के हरदेव शाह का क़ब्ज़ा हो गया। 1812 ई. में यह क़िला अंग्रेज़ों के पास चला गया।

गाइड बताता जा रहा था, मैं उसे एकटक सुन रहा था। आगे बोला, "पुराणों से लेकर आधुनिक इतिहास तक यह क़िला सब जगह उपस्थित है, स्थितप्रग्य, केवल सब कुछ देखता हुआ, अवलोकन करता हुआ बतियाता है तो केवल समय के साथ, उसी के साथ खेलना, सोना, उठना, पर जाना कहीं नहीं, वक़्त उसके लिए रुकता नहीं और कलिंजर वक़्त को कभी छोड़ता नहीं..."

बाहर से देखने पर ये क़िला एक चोटी लगती है लेकिन ऊपर जाने पर इसकी विशालता हैरान कर देती है। कालिंजर दुर्ग में प्रवेश सात द्वारों से होता है। इसका प्रथम 'द्वार सिंह' द्वार के नाम से पुकारा जाता है। दूसरा 'गणेश द्वार' तथा तीसरा द्वार 'चंडी द्वार' कहलाता है। 'बुद्धगढ़ द्वार' अर्थात् स्वर्गारोहण द्वार चौथा द्वार है, जिसके पास 'भैरवकुण्ड' नामक सुन्दर जलाशय हैं। दुर्ग का पाँचवाँ द्वार अत्यन्त कलात्मक है, जिसे 'हनुमान द्वार' कहा जाता है। छठे द्वार के रूप में 'लाल द्वार' और सातवाँ एवं अन्तिम द्वार 'नेमि द्वार' है, इसे महादेव द्वार भी कहा जाता है। दुर्ग में पहुँचने के लिए वर्तमान में उत्तर दिशा के रास्ते को मुख्य मार्ग के रूप में प्रयोग में लाया जा रहा है। इसी मार्ग में उक्त सातों द्वार अपना परिचय स्वयं करवाते हैं।

लाल बलुआ प्रस्तरखण्डों से निर्मित दुर्ग का सम्पूर्ण वास्तु अपने आप में अद्वितीय एवं कलात्मक है। सुरक्षा की दृष्टि से सर्वोत्तम माने जाने वाले इस दुर्ग को अकारण ही अजेय दुर्ग का गौरव प्राप्त नहीं है। इसकी सुरक्षा प्राचीर की परिधि लगभग छः किमी की है। इसकी ऊँचाई पाँच मीटर से बारह मीटर तक है और इसकी चौड़ाई चार मीटर से आठ मीटर तक है। वापस आकर मैंने कुछ दिनों पहले ही एक पुरातत्व की पुस्तक में कालिंजर के क़िले के वैदिक कालीन सन्दर्भ भी पढ़े थे।

"यथा चिच्चौद्यः कशुः शतमुष्ट्रानां ददत्सहस्रा दश गोनाम्। 37।
यो मे हिरण्यसंदृषो दष राज्ञो अमंहत। अधस्पदा इच्चौद्यस्य
कृष्टयश्चर्मम्ना अभितो जनाः। 38।
माकिरेना पथा गाद्येनेमे यन्ति चेदयः। अन्यो नेत्सूरिरोहते

भूरिदावत्तरो जनः। 39।"

—**ऋगवेद सूक्तं 8.5**

'वायु पुराण' में ही कहा गया है कि जो व्यक्ति कालिन्जर में श्राद्ध करता है, उसे पुण्य लाभ होता है।

"कालन्जरे दशार्णायं नैमिषै कुरुजांगले
वाराणस्या तु नगर्या तुदेयं तु यन्तत:"

—**वायु पुराण, 77, 93**

'वाल्मीकि रामायण' के अनुसार, रामचन्द्र जी ने एक कुत्ते के कहने पर ब्राह्मण को कालिंजर का कुलपति नियुक्त किया।

"कालन्जरे महाराज कौलपत्य प्रतीप्ताम
एतत्छुत्वा तुरामेण कालेपत्यं भिषेचित:"

—**वाल्मीकि रामायण, उत्तर काण्ड, प्रशिप्तः सर्गः 7,2,39**

इनके अलावा 'भविष्य पुराण', 'पद्म पुराण', 'भागवत पुराण', 'स्कंद पुराण', 'अग्नि पुराण', 'ब्रह्म पुराण', 'मत्स्य पुराण', 'हरिवंश पुराण', 'मार्कण्डेय पुराण', 'अग्नि पुराण', 'आल्हखण्ड' एवं 'कालिंजर', 'रूपकष्टकम', 'आयीने अकबरी', 'हिस्ट्री ऑफ बुन्देलाज़, 'एशियाटिक सोसाइटी ऑफ बंगाल' में भी कालिंजर का उल्लेख मिलता है।

इससे अनुमान लगाया जा सकता है कि कालिंजर में शिल्पियों का बाहुल्य रहा होगा, जो विभिन्न प्रकार की मूर्तियों के निर्माण में दक्ष और कुशल रहे होंगे। यह स्पष्ट लगता है कि कालिंजर अनेक शताब्दियों तक धार्मिक-सांस्कृतिक साहित्य और शैक्षणिक गतिविधियों का प्रमुख केन्द्र रह।। इसीलिए कलचुरी अभिलेखों में कालिंजर को, श्रेष्ठपुर की संज्ञा दी गयी है।

देवत्व और देवता, दोनों की प्राप्ति के लिए गहरा उतरना ही पड़ता है। हम तीखी सीढ़ियाँ उतरते हुए नीलकंठ मन्दिर पहुँचते हैं। सीढ़ियों के साथ-साथ चट्टानों और अनेक मूर्तियाँ उकेरी गयी हैं। बहुमुखी शिव, अनेक शिवलिंग, महाविष्णु, गणेश, शक्ति, काली, पार्वती पूजा और कितनी ही मूर्तियाँ, लेकिन अधिकतर विखण्डित। किसी का चेहरा साबुत नहीं दिखता, फिर भी उनकी

आभा और दीप्ति में कोई कमी नहीं; बाहर एक शिवलिंग पर सूर्य की सीधी किरणें पड़ रही थीं मानो सबसे पहले शिव की अर्चना करना चाहती हों। शिवलिंग पर सूर्य रश्मियों का चढ़ावा, क्या आलौकिक दृश्य था!

कालिंजर के अधिष्ठाता देवता नीलकंठ महादेव हैं। यह दुर्ग का प्राचीन मन्दिर है, जो यहाँ का मुख्य आकर्षण है। इसे चन्देल शासक परमादित्य देव ने बनवाया था। यह दुर्ग के पश्चिम कोने में स्थित है।

मन्दिर में रखा शिवलिंग नीले पत्थर का है। शिवलिंग की ख़ासियत यह है कि उस पर चट्टानों से अनवरत पानी गिरता रहता है। इस पानी का स्रोत है, मन्दिर के ठीक पीछे, ऊपर की तरफ पहाड़ काटकर बनाया गया पानी का कुण्ड। इसमें बने मोटे-मोटे स्तम्भों और दीवारों पर कई तरह की लिखावट दिखती है।

बुन्देलखण्ड सूखे के कारण जाना जाता है, लेकिन कितना भी सूखा पड़ जाये, इस पहाड़ से पानी रिसना बन्द नहीं होता है। कहा जाता है कि सैकड़ों सालों से पहाड़ से ऐसे पानी निकल रहा है, यह सभी इतिहासकारों के लिए अबूझ पहेली की तरह है।

यहाँ की अधिकांश मूर्तियाँ शैव धर्म से सम्बन्धित हैं, जिनमें से काल भैरव की प्रतिमा सबसे भव्य है। यह बत्तीस फीट ऊँची और सत्रह फीट चौड़ी है तथा इस प्रतिमा के अट्ठारह हाथ दिखाये गये हैं। वक्ष में नरमुंड लटकाए हुए तीन नेत्र सहित यह मूर्ति बेहद जीवन्त है।

इस मूर्ति के निकट ही गजासुर वध की मण्डूक भैरव की प्रतिमा दीवार पर उकेरी हुई है, जिसके निकट ही मण्डूक भैरवी है। आस-पास के क्षेत्र में चतुर्भुजी रुद्राणी काली, दुर्गा, पार्वती और महिषासुर मर्दिनी की प्रतिमाएँ हैं।

यहाँ खड़े होकर, यह बात सच लग रही थी कि एक कुशल शिल्पी अपने कौशल से जिस पाषाण खण्ड को अपने कौशल से छू देता है, वहीं सौन्दर्य का प्रतीक बन जाता है और उसी में से रस का अक्षय स्रोत फूट पड़ता है।

अपने चारों ओर बिखरे इस अप्रतिम सौन्दर्य को, अगणित सुन्दर प्रतीकों की रचना को मनुष्य की कलात्मक साधना का उदाहरण ही कहा जाना चाहिए, इसीलिए तो आनन्द तत्व के साथ सतत् सम्पर्क मनुष्य का जन्मसिद्ध अधिकार है। मैं और मेरे साथी, इसी आनन्द तत्व को महसूस कर रहे थे।

धीरे-धीरे धूप का वितान तन रहा था। मैं विस्मय के साथ आसमान के नीलेपन को देख रहा था। जैसे-जैसे धूप तेज हो रही थी, नीलेपन का गाढ़ापन बढ़ता ही जा रहा था। हवा अपनी ही लय के साथ बह रही थी, नीचे घाटी से ऊपर उठती हुई, जैसे आसमान के नीलेपन के साथ एकांग हो जाना चाहती हो। आसमान जितना साफ़, हवा उतनी ही स्वच्छ और कालिंजर उतना ही वीतरागी।

यहाँ अनेक सैलानी आ चुके थे। कई दल अपने अपने गाइड के साथ घूम रहे थे। हम एक और गाइड के पीछे हो लिए, जो बता रहा था-

कालिंजर दुर्ग को मध्यकालीन भारत का सर्वोत्तम दुर्ग माना जाता था। इस दुर्ग में स्थापत्य की कई शैलियाँ दिखायी देती हैं, जैसे गुप्त शैली, प्रतिहार शैली, पंचायतन नागर शैली आदि। प्रतीत होता है कि इसकी संरचना वास्तुकार ने 'अग्निपुराण', 'बृहदसंहिता' तथा अन्य वास्तु ग्रन्थों के अनुसार की है। क़िले के बीचों-बीच अजय पलका नामक एक झील है, जिसके आसपास कई प्राचीन काल के निर्मित मन्दिर हैं। यहाँ ऐसे तीन मन्दिर हैं, जिन्हें अंकगणितीय विधि से बनाया गया है।

इस गाइड के साथ-साथ हम चौबे महल की ओर चल दिये।

दुर्ग में सातवें द्वार से प्रवेश करते ही चौबे महल स्थित है। भग्नावशेष के रूप में स्थित इस महल का प्रवेश-द्वार एकदम सादा, किन्तु आकर्षक स्थापत्य कला का प्रतीक है। दोमंज़िला इस महल को चौबे बेनी हजूरी तथा खेमराज ने बनवाया था। इसके आगे के मार्ग पर वेंकट बिहारी मन्दिर और रानी महल स्थित हैं।

वेंकट बिहारी मन्दिर बुन्देलकालीन है और दुर्ग के लगभग मध्य भाग में स्थित है। इस मन्दिर में गर्भगृह, आयताकार मण्डप, छत पर आकर्षक शिखर तथा छोटी-छोटी स्तम्भयुक्त छतरियाँ स्थित हैं। रानी महल भी दोमंज़िला विशाल भवन है। भग्नावशेष होने के बाद भी, इसका विशाल प्रवेश-द्वार और भीतरी खुला बरामदा सम्मोहित करता है। धीरे-धीरे एक एक स्थान हम देखते हुए आगे बढ़ रहे थे और आश्चर्यचकित होते जा रहे थे। बनाने वालों ने किस दूर दृष्टि के साथ यह निर्माण कराया होगा?

इन सुन्दर स्थापत्यों के अलावा सीता सेज, पाताल गंगा, पाण्डव कुण्ड, बुड्ढा-बुड्ढी ताल, भगवान सेज, भैरव कुण्ड, मृगधार, कोटितीर्थ, चौबे महल, जुझौतिया बस्ती, शाही मस्ज़िद, मूर्ति संग्रहालय, वाऊचोप मकबरा, रामकटोरा ताल, भरचाचर, मज़ार ताल, राठौर महल, रनिवास, ठा. मतोला सिंह संग्रहालय, बेलाताल, सगरा बाँध, शेरशाह सूरी का मक़बरा व हुमायूँ की छावनी आदि हैं। कितना मुश्किल है इतना सब कुछ देख पाना?

महल में सीता सेज नामक एक छोटी-सी गुफा भी है, जहाँ एक पत्थर का पलंग और तकिया रखा हुआ है, जो एक समय में एकान्तवास के लिए प्रयोग की जाती थी। किंवदन्तियों के अनुसार, इस कक्ष को 'रामायण' की सीता की विश्रामस्थली बताया जाता है। यहाँ पर कई तीर्थ यात्रियों के लिखे आलेख हैं। यहीं एक कुण्ड भी है, जो सीताकुण्ड कहलाता है। क़िले में स्थित दो तालों, बुड्ढा एवं बुड्ढी ताल के जल को औषधीय गुणों से भरपूर माना जाता है, जिसमें स्नान कर स्वास्थ्य लाभ उठाया जाता था। इनका जल चर्मरोगों के लिए लाभदायक बताया जाता था व मान्यता है कि इसमें स्नान करने से कुष्ठ रोग भी ठीक हो जाता है।

दुर्ग के भीतर राजा महल और रानी महल नामक भव्य महल बने हुए हैं। दुर्ग में एक जलाशय भी है, जिसे 'पाताल गंगा' कहते हैं।

यहाँ के पाण्डु कुण्ड में चट्टानों से निरन्तर पानी टपकता रहता है। कहते हैं कि यहाँ कभी शिवकुटी होती थी, जहाँ अनेक शिव-भक्त तप किया करते थे व नीचे से पाताल गंगा होकर बहती थी। उसी से यह कुण्ड भरता है।

इनके अलावा यहाँ एक कोटि तीर्थ भी है, जिसमें सहस्त्रों तीर्थ एकाकार होकर मिलते हैं। इसके अवशेषों से अनेक ध्वस्त हुए मन्दिरों का आभास होता है। इसी कोटि तीर्थ जलाशय के निकट चन्देल शासक अमानसिंह द्वारा एक महल भी बनवाया गया था। इसमें बुन्देली स्थापत्य की झलक दिखायी देती है।

दुर्ग के दक्षिण मध्य भाग में मृगधारा बनी है। यहाँ चट्टानों को काट-छाँट कर दो कक्ष बनाए गये हैं, जिनमें से एक कक्ष में सात हिरणों की मूर्तियाँ हैं व निरन्तर मृगधारा का जल बहता रहता है। इसे पौराणिक सन्दर्भ से सप्त ऋषियों की कथा से जोड़कर बताते हैं। इस स्थान के बारे में गुप्त

वंश से मध्यकालीन भारत के अनेक तीर्थयात्री अभिलेख हैं। यहाँ शिला के अन्दर खुदाई कर भैरव व भैरवी की मूर्ति अति सुन्दर तथा कलात्मक बनाई गयी है।

दुर्ग एवं इसके नीचे तलहटी में बसा क़स्बा इतिहासकारों की दृष्टि से महत्त्वपूर्ण है, क्योंकि यहाँ मन्दिरों के अवशेष, मूर्तियाँ, शिलालेख एवं गुफाएँ आदि सभी उनके रुचि के साधन हैं। कालिंजर दुर्ग में कोटि तीर्थ के निकट लगभग बीस हज़ार वर्ष पुरानी शंख लिपि स्थित है, जिसमें रामायण काल में वनवास के समय भगवान राम के कालिंजर आगमन का भी उल्लेख किया गया है। इसके अनुसार श्रीराम, सीता कुण्ड के पास, सीता सेज में ठहरे थे। कालिंजर शोध संस्थान के तत्कालीन निदेशक, अरविन्द छिरौलिया के कथनानुसार, इस दुर्ग का विवरण अनेक हिन्दु पौराणिक ग्रन्थों जैसे 'पद्म पुराण' व 'वाल्मीकि रामायण' में भी मिलता है।

इसके अलावा बुड्ढा-बुड्ढी सरोवर व नीलकंठ मन्दिर में नौवीं शताब्दी की पाण्डुलिपियाँ संचित हैं, जिनमें चन्देल-वंश कालीन समय का वर्णन मिलता है। दुर्ग के प्रथम द्वार में सोलहवीं शताब्दी में औरंगज़ेब द्वारा लिखवायी गयी प्रशस्ति की लिपि भी है। दुर्ग के समीपस्थ ही काफ़िर घाटी है। इसमें शेरशाह सूरी के भतीजे इस्लाम शाह की 1545 ई० में लगवाई गयी प्रशस्ति भी यहाँ उपस्थित है।

इस्लाम शाह ने अपना दिल्ली पर राजतिलक होने के बाद यहाँ के कोटि तीर्थ में बने मन्दिरों को तुड़वाकर उनके सुन्दर नक्काशीदार स्तम्भों का प्रयोग यहाँ बनी मस्ज़िद में किया था। दुर्ग में ऐतिहासिक एवं धार्मिक महत्त्व के ढेरों शिलालेख जगह-जगह मिलते हैं, जिनमें से अनेक लेख हज़ारों वर्ष पूर्व अति प्राचीन काल के भी हैं।

वर्तमान में कालिंजर दुर्ग पुरातत्त्व विभाग की देखरेख में है। विभाग के द्वारा दुर्ग के भीतर यहाँ की बिखरी, क्षतिग्रस्त मूर्तियों को दुर्ग में ही एक संग्रहालय के रूप में सुरक्षित कर रखा है। ये मूर्तियाँ शिल्प कला की दृष्टि से महत्त्वपूर्ण हैं। यह संग्रहालय बुन्देल शासक अमानसिंह द्वारा दुर्ग के कोटि तीर्थ तालाब के तट पर अपने रहने के लिए बनवाये महल में बना हुआ है। यह महल बुन्देली स्थापत्य का अनुपम उदाहरण है।

कालिंजर को कालजयी अकस्मात् ही नहीं कहा जाता है। इसने कालखण्ड के प्रत्येक प्रसंग को, चाहे वो प्रागैतिहासिक काल से सम्बद्ध हों, पौराणिक घटनाएँ हों, अनेक विदेशी आक्रान्ताओं के हमले हों या फिर सन् 1857 का विद्रोह हो, सबको बड़ी ख़ूबसूरती से अपने आँचल में समेट रखा है। वैदिक ग्रन्थों के आधार पर जहाँ इसे विश्व का प्राचीनतम् क़िला माना गया है, वहीं इसके विस्तार और विन्यास को देखते हुए आधुनिक एलेक्जेंड्रिया से भी श्रेष्ठ घोषित किया गया है।

अब जबकि दुर्ग पुरातत्त्व विभाग की देखरेख में है, राज्य सरकार की ओर से इसको पर्यटन की दृष्टि से विकसित करने सम्बन्धी प्रयासों को आरम्भ करने की बात कही जा चुकी है, तब आशा की जा सकती है कि निकट भविष्य में कालिंजर का अजेय और गौरवशाली दुर्ग देश के पर्यटन नक्शे पर भी अपनी आभा तथा गौरवगाथा बिखेरेगा।

यह सब कुछ आश्चर्य चकित कर देने वाला है। अपनी सीमाओं, सुरक्षा और स्वाभिमान के प्रति हमारे पूर्वजों की जागृति का यह एक और शानदार उदहारण है। साथ ही आस्था, कला, साहित्य एवं संस्कृति के अनुराग के प्रदर्शन का यह कितना सुन्दर माध्यम है। मैं वापस लौटा; मैं मन-ही-मन अपने ड्राईवर पर हँस रहा था, मन-ही-मन। पीछे कालिंजर भी मेरे साथ हँस रहा होगा।

चंदेरी

तलवारों के पानी से

पत्थर हमेशा सच बोलते हैं। जो पत्थरों पर लिखा गया, वह सच है। पत्थरों के नीचे जो सदियों की कहानियाँ, क़िस्से, दास्तानें दबी हैं, वे सब सच हैं। उतनी ही सच, जितना पत्थरों से रिसता हुआ पानी सच है।

लम्बे अरसे से बस सुनता आया था कि बेतवा के किनारे, चन्देरी के पत्थरों के नीचे, न जाने कितनी कहानियाँ दबी पड़ी हैं। कुछ कहानियाँ रिस रही हैं, कुछ बह रही हैं, कुछ पत्थरों पर लिखी हैं और कुछ कहानियाँ वहाँ के पत्थर खुद बयाँ करते हैं। एक ऐसा शहर है, जिसने स्वयं को सँवारने में सदियाँ लगा दीं।

एक ऐसा शहर है, जो न जाने कितनी राजसत्ताओं, सूफ़ी सन्तों और कलाकारों की साधना का प्रतिफल बनकर खड़ा है। एक ऐसा शहर, जिसने बुन्देलखण्ड की तपती ज़मीन में खड़े रहकर अपने अस्तित्व को हर दिन निखारा है। एक ऐसा शहर, जिसने विंध्याचल की तलहटी में ऊपर उठकर एक ऊँचाई प्राप्त की है। एक ऐसा शहर, जिसने जौहर की तपती ज्वालाओं को देखा है। एक ऐसा शहर, जिसने आत्मसम्मान के लिए अपने पुत्रों का बलिदान होते देखा है। एक ऐसा शहर, जिसने वास्तुकला के नये प्रतिमान स्थापित किये हैं। एक ऐसा शहर, जो न जाने कितनी रातों में बैजू बावरा के संगीत को सुनते-सुनते सोया है और तलवारों की खनक सुनकर जागा है। एक ऐसा शहर, जिसके करघों से उठती खट्-खट् की आवाज़ की गूँज आज पूरी दुनिया में सुनाई पड़ती है। जिन करघों से उठते रंगों से नयी परिभाषाएँ गढ़ी जा सकती हैं।

मैं उन्हीं पत्थरों के बीच पहुँचा कि उनसे बतिया सकूँगा, लेकिन इतिहास का प्रसव आसान नहीं होता। उसकी कोख में छिपा बाहर आना मुश्किल होता है।

ललितपुर से चन्देरी कुछ बीस मील दूर पड़ता है, उत्तर प्रदेश और मध्यप्रदेश की सीमा पर। बुन्देलखण्ड की झलक आपको चारों ओर दिखती है। रास्ते में बेतवा मिलती है, जो थमी खड़ी है कि हर आने जाने वाले से कहती है कि तुमने चन्देरी के बारे में जो भी सुना है या सुनोगे, वह तो बहुत थोड़ा है। मैंने तो इस शहर के अस्तित्व को पल-पल जिया है। मेरे प्रवाह और चन्देरी के उत्थान, पतन, संवर्धन, संघर्ष की कहानी बिलकुल एक जैसी है— अविरल और पवित्र।

नदियों के बहाव, घुमाव, ठहराव और बिखराव का इतिहास कभी लिखा जायेगा तो यह इतिहास का सबसे ख़ूबसूरत हिस्सा बनेगा। कोई नहीं जानता कब और कैसे नदियाँ अपना स्वरूप बदल लेती हैं। पहाड़ों से अलग होकर निकलती हैं, लेकिन उनसे हमेशा जुड़ी रहती हैं। यहाँ बेतवा कुछ रूठी हुई-सी लगती है। एक नया डैम बना है यहाँ, कहीं यह क्रोध, मानव के प्रति तो नहीं, जो निर्बाध को बाध करता है।

गाड़ी अगले मोड़ पर घूमी और सड़क के किनारे रुक गयी या कहो कि रोक दी गयी। कुछ देर पहले ही तो हम रुके थे, फिर अचानक? हरीओम जी को हम इसी सवाल के साथ देख रहे थे, समझ गए। बोले "बाँध देख लीजिए, विज्ञान का अनोखा चमत्कार।"

सूरज ऊपर चढ़ आया था बादलों और सूरज की शरारतों का सबूत सामने था, अठखेलियाँ, लुका-छिपी। सफेद खरगोश से सफेद बादल रूई के फाहों की मानिन्द इधर-उधर उड़ रहे थे। धूप उनका पीछा करती हुई सी जाने किस ओर बही जा रही थी और हवा जैसे अभी-अभी पहाड़ों से नहा-धोकर उतरी थी, बाहर निकलते ही हवा ने ऐसे छुआ, मानो मेले के लिए निकली हो और हम राह में मिल गये।

सड़क पार की। उस तरफ आगे जाकर, थोड़ा ऊपर चढ़कर देखा, उस तरफ जो था, वह अविश्वसनीय था, अकल्पनीय।...

इतनी विशाल जल राशि, पानी का इतना बड़ा ढेर मानो पनियालापना दुनिया को अपने-सा करना चाहता हो। 'महाभारत' में भीष्म ने जब गंगा के प्रवाह को रोक दिया था तो क्या दृश्य रहा होगा? भागीरथी जब भगवान् शंकर की जटाओं में उलझी होंगी तो कुछ ऐसी ही रही होंगी क्या? कितने सारे सवाल मन में, और आँखें मानो इतर चाहती थी, हम हतप्रभ-से खड़े थे। क्या ये प्रकृति पर मानव विजय का प्रतीक है या मानव की अनाधिकार चेष्टा। विज्ञान के विराट स्वरूप, मानव के मस्तिष्क की ताकत और न जाने क्या-क्या चर्चा में आ गया। मैं दूर एक पत्थर पर बैठे हरिओम जी के पास चला गया कि उनसे पूछा, "यह इतना बड़ा काम हुआ कैसे, यह सब सम्भव कैसे हुआ? कितना समय लगा यह बाँध बनने में?"

मुझे क्या पता था कि इस बाँध के बारे में मेरे सवाल उनके सब्र का बाँध तोड़ देंगे, मेरे 'कन्धे पर हाथ रखकर, दूसरे हाथ की उँगली से इशारा करते हुए बोले, "भैय्या इस बाँध ने बहुत कुछ दिया भी है और बहुत कुछ निगला भी है। बहुत सारे लोगों के हिस्से की एक-एक याद इस पानी के ढेर के नीचे दफ़न हो गयी। कई बार मन करता है कि वो एक ऋषि हुए हैं न अगस्त्य, उनकी तरह एक घूँट में इस अथाह पानी को पी जाऊँ। मुक्त कर लूँ वो सब, जो पानी ने जकड़ा है। मैं जाता हूँ, वो पानी के नीचे आज भी सब कुछ बिखरा पड़ा है जीवित, सिसकता हुआ। आपको पता है, आज भी जाने कितने चूल्हों की राख गरम होगी इस हज़ारों फिट पानी के नीचे, उसकी आँच को आप महसूस नहीं कर सकते, मैं कर सकता हूँ। न जाने कितने आँगन अपने ऊपर पसरे इस नीले पानी के ऊपर के नीले आसमान को निहार रहे हैं। जाने कितनी पहाड़ी धुनें इस पानी के नीचे कसमसा रही हैं कि उन्हें खुलकर गुनगुनाया जा सके।

"कहते हैं, उन्होंने नया गाँव बसा दिया, नये घर दे दिए। पर घर कहाँ दिये हैं, बस मकान दिये हैं, भैया जिन मकानों की आत्मा इन झील में दबी हैं, उन मकानों को आत्मा लौटा देंगे या उन देहरियों की पवित्रता लौटा देंगे, जिन्हें हमारे पूर्वजों की पग रज ने पवित्र किया था। न जाने कितने पंछियों की कलरव छीनी है इन्होंने, कितने पशुओं के घर उजाड़े हैं। न जाने कितने पड़ोस उजड़े हैं, सम्बन्ध बिखरे हैं। कोई जोड़ सकेगा उन्हें? संस्कृति और

सभ्यता एक दिन में नहीं बनती, उसे बनने में सदियाँ लगती है। उन सदियों के इतिहास न जाने कितने लोगों से सामूहिक त्याग से लिखा जाता है। इस जलराशि के नीचे, रात के नीरव सन्नाटे में उन सदियों का रुदन हम सुनते हैं तो हमारी छाती फटती है, कुछ वापस नहीं आ सकता। आने वाली पीढ़ियों को दिया जा सकता था, हमने सब इस पानी की कोख में झोंक दिया। जीवन का भरण-पोषण करने वाली इस नदी को, इस विज्ञान ने क्या से क्या बना दिया?" मैं हरिओम जी की पलकों की कोरों को गीला होते हुए देख रहा था। एक आँसू बस छलकने ही वाला था। एक पल मुझे लगा कि बेतवा का अथाह जल, इस असीमित झील का विस्तार इस एक आँसू के सामने कितना बौना है? इस आँख के पानी की पवित्रता का कोई सानी नहीं। मैं क्या कहता? विज्ञान की सारी महानता मुझे उसी एक आँसू में डूबती दिखायी दी।

हम चुपचाप गाड़ी में आ बैठे। झील के साथ-साथ हम दूर तक चलते रहे, मेरी हिम्मत नहीं थी कि उसे फिर से देखूँ। फिर भी एक बार पीछे मुड़कर देखा कि क्या पता उस पानी के नीचे से कोई गाँव, मुझे उठता हुआ नज़र आ जाये...

मध्य प्रदेश के अशोक नगर जिले में स्थित, एक छोटा लेकिन ऐतिहासिक और प्राकृतिक सौन्दर्य से भरा-पूरा बेतवा एवं उर्वशी नामक नदियों का सुरम्य घाटी में बसा। समुद्र तट से लगभग तेरह सौ फीट की ऊँचाई पर स्थित यह अंचल प्राकृतिक छटा से सजा एक अनुपम स्थल है। सुन्दर झीलों, तालाबों, सजी-धजी बावड़ियों, पर्वत मालाओं और हरे-भरे वनों से अलंकृत चन्देरी बहुत ही चित्रमयी है। यहाँ की सुन्दरतम् बत्तीसी बावड़ी पर फ़ारसी में खुदा हुआ है- 'स्वर्ग यहीं है'।

क्या सुन्दर परिकल्पना है स्वर्ग की, यही न कि जहाँ प्रकृति और संस्कृति एकाकार हो जाये...

एक किंवदन्ती है कि चन्देरी के शहर को भगवान् कृष्ण के फुफेरे भाई, राजा शिशुपाल द्वारा बसाया गया था। सच्चाई तो बेतवा ही बता सकती है। एक और किंवदंती के अनुसार, इसकी स्थापना को राजा चेद से जोड़ा जाता है, जो इस क्षेत्र पर छह सौ ई.पू. के आसपास शासन करता था। गुर्जर- प्रतिहार वंश के राजा कृतिपाल ने पुरानी चन्देरी (बूढ़ी चन्देरी) से अपनी राजधानी को

सन् ग्यारह सौ ई. के आसपास वर्तमान चन्देरी स्थानान्तरित किया। ऐसा माना जाता है कि कृतिपाल का कुष्ठ रोग यहाँ के एक झरने के पानी द्वारा ठीक हो गया था। चन्देरी में वह एक शिकार अभियान के दौरान आया था।

वही झरना परमेश्वर तालाब का स्रोत कहा जाता है, जो चन्देरी में अभी भी अवस्थित है। तो यह चन्देरी नयी नहीं है, पुरानी वाली बातों से भी पुरानी है ये...

चन्देरी के दूर-दराज़ के इलाक़ों के एक गाँव, नानौन में चालीस हज़ार साल पुराने शैल चित्रों का पाया जाना स्वयं में चन्देरी की प्राचीन और समृद्ध विरासत की कहानी कहते हैं। बेहती गाँव में, जो कि चन्देरी से बीस किलोमीटर दक्षिण पूर्व में स्थित है, वहाँ एक महत्वपूर्ण व्यापार मार्ग पर गुप्तकालीन हिन्दू मन्दिर का पाया जाना, जो यह दर्शाता है कि यह गुप्तकाल में एक मुख्य मार्ग रहा होगा। आठवीं से दसवीं शताब्दी ई. में गुर्जर-प्रतिहार समाज के अनेक प्रतीक राज बूढ़ी चन्देरी में आज भी स्वाभिमान के साथ खड़े हैं। अगर आप प्राचीन स्मारकों और प्रतीकों में सुन्दरता निहार सकते हैं, उनसे उठती प्रतिध्वनियाँ सुन सकते हैं, उन स्मारकों और उकेरी हुई लकीरों को पढ़ सकते हैं तो बूढ़ी चन्देरी से बेहतर स्थान आपके लिए नहीं हो सकता। यह बिल्कुल एक हरे मैदान की किसी पगडण्डी पर विचरने जैसा है।

बूढ़ी चन्देरी की किसी इमारत से इस क्षेत्र की कहानी सुनिये— गर्व, अभिमान, दुःख, क्षोभ, राजनैतिक बिसातों और स्वाभिमान की ऐसी बेजोड़ कहानी आपको सुनने को मिलेगी, जो केवल बूढ़ी चन्देरी की आँखों में ही देखी जा सकती है। हाँ! आपको उसकी आँखों में झाँकना पड़ेगा। बूढ़ी चन्देरी के चेहरे की झुर्रियाँ केवल उम्र की नहीं हैं बल्कि अनुभव की हैं। यह एक लम्बी यात्रा है। कितनी ही शताब्दियों के संघर्ष, हर्ष और विमर्श का साक्षी रहा है यह क्षेत्र—

ग्यारहवीं शताब्दी ई. के अन्तिम सालों में गुर्जर-प्रतिहार राज का पतन हुआ और चन्देरी पर कच्छवों का क़ब्ज़ा हो गया। तेरहवीं शताब्दी में शमशुद्दीन अलतमश और गयासुद्दीन बलवन ने सन् 1251 ई. में चन्देरी पर हमला किया और कच्छव राजा देवा को हराकर चन्देरी को दिल्ली सल्तनत में शामिल कर लिया। चौदहवीं सदी में दिलावर ख़ान गोरी, चन्देरी के राज्यपाल ने

दिल्ली सल्तनत से अपनी स्वतन्त्रता की घोषणा की। उसने सन् 1392 मालवा सल्तनत की स्थापना की।

सोलहवीं सदी ई. की शुरुआत में राणा सांगा ने चन्देरी जीत लिया और चन्देरी के शासक के रूप में अपने सबसे भरोसेमन्द सहयोगी, मेदिनी राय को बिठाया,लेकिन उसके बाद सन् 1528 में बाबर ने चन्देरी क़िले पर क़ब्ज़ा किया और चन्देरी पर मुग़लों का नियन्त्रण स्थापित किया। हमले से पहले मेदिनी राय और उनके सैनिकों ने सामूहिक आत्महत्या कर ली और महिलाओं ने जौहर स्वीकार कर लिया। यह कीर्तिदुर्ग सब देख रहा था उसके सीने में जौहर की वह आग और तपिश आज भी महसूस की जा सकती है। यह जौहर चन्देरी के इतिहास का वह पन्ना है, जिसे चन्देरी कभी नहीं भूलता। कीर्तिदुर्ग क़िले में वह स्थान आज भी देखा जा सकता है, जहाँ वीरांगनाओं ने अपने सतीत्व की रक्षा के लिए हँसते-हँसते अग्नि में समाधि ले ली थी। क्या तप और सच रहा होगा उन नारियों का, साहस का एक जवालामुखी हो जैसे। ऐसी वीरांगनाओं की यह थाती चन्देरी ...

सन् 1605 में जहाँगीर ने मुग़ल साम्राज्य की ओर से चन्देरी क्षेत्र का शासन राम शाह बुन्देला के हाथ में सौंप दिया। उसके बाद एक लम्बे अरसे तक बुन्देलों ने चन्देरी पर राज किया। सन् 1844 में कुँवर मर्दन सिंह, चन्देरी के अन्तिम बुन्देला राजा ने चन्देरी को सिन्धिया के अधिकार से छीनकर, वहाँ बुन्देला शासन को पुनर्स्थापित किया। कुँवर मर्दन सिंह, झाँसी की रानी लक्ष्मीबाई के साथ मिल गया था और सन् 1857 ई. के विद्रोह में हिस्सा लिया था। सन् 1858 में ह्यूरोज़ के नेतृत्व में ब्रिटिश सेना ने चन्देरी क़िले पर क़ब्ज़ा किया और उसे सिन्धिया को लौटा दिया, जिससे कि दो सौ पचास साल के बुन्देला शासन का अन्त हो गया। सन् 1947 ग्वालियर का राज, जिसमें चन्देरी भी शामिल था, को नवगठित राज्य, मध्य भारत में शामिल कर लिया गया।

न जाने कितनी शताब्दियों के पदचिन्ह चन्देरी अपने भीतर सहेज कर बैठी है। यह सब कुछ नितान्त उसी का है। बाहर से भीतर तक, सब यात्राएँ उसकी अपनी हैं।

दूर, ऊँची पहाड़ी पर खड़ा कीर्तिदुर्ग स्वाभिमान का प्रतीक-सा खड़ा दिखता है। इसी क़िले के एक हिस्से में जागेश्वरी देवी का मन्दिर है, जिसकी

दुनिया भर में मान्यता है। पहाड़ी पर कीर्तिदुर्ग के पास से ही, पहाड़ी के बीच से होकर जाने वाली एक लम्बी सीढ़ियों के रास्ते द्वारा पहाड़ के तल से मन्दिर तक पहुँचा जाता है। इस मन्दिर की मुख्य मूर्ति जागेश्वरी देवी की है, जोकि एक छोटी गुफा में स्थित है। इसके अलावा मन्दिर परिसर के भीतर दो बड़े शिवलिंग हैं, जिनकी पूरी सतह पर 1,100 नक्काशीदार शिवलिंग शोभित कर रहे हैं। एक अन्य शिवलिंग पर भगवान् शिव का चेहरा सभी चार दिशाओं में उकेरा हुआ है। कैसी अद्भुत शान्ति है यहाँ! थोड़ी देर ही सही, यहाँ बैठिये तो ईश्वरीय सत्ता के प्रति श्रद्धा और बढ़ जाती है।

महिलाओं का एक दल बैठा हुआ कीर्तन कर रहा है। पड़ोस के ज़िले से ये महिलाएँ आयी हैं। यह सब कुछ बहुत शान्ति देता है। अनुशासित रागों और सुरों से बाहर यह संगीत तो झरने के उन्मुक्त प्रवाह जैसा है। कौन आता है, जाता है, क्या माँगता है, महिलाओं को कोई अन्तर नहीं पड़ता उनका कीर्तन ऐसे ही चल रहा है।

यह आस्था का एक प्रभावी केन्द्र है। मन में असीम आस्था लिए लोग चले आते हैं कि उन्हें मनचाहा क्यों न मिलेगा। इसी आस्था और विश्वास के कारण ही तो यह संसार खड़ा है। इसी आस्था की धुरी पर ही तो चन्देरी जैसे शहर शताब्दियों तक मस्तक उठाये गर्व से खड़े रहते हैं। अपने भीतर शताब्दियों की करवटों को समाये हुए ये मन्दिर, दुर्ग, स्मारक ऐसे ख़ूबसूरत दस्तावेज़ हैं, जो स्वयं ही क़िस्सागो बनकर खड़े हुए हैं।

चन्देरी शहर में आप जिधर जाइए, आपको अलग-अलग कालखण्डों के अवशेष बिखरे हुए मिलेंगे, जैसे किसी ने ख़ज़ाने का एक थाल शहर भर में बिखेर दिया हो। पुरानी हवेलियों और इमारतों के सीने में कैसी और किस किसकी कहानियाँ दफ़न होंगीं, अब कोई नहीं जानता। हर इमारत अपने भीतर एक कहानी लिये खड़ी है।

चन्देरी से अशोक नगर की ओर, एक दरवाज़े की संरचना, जिसे कि पूरी तरह से एक चट्टान को काटकर बनाया गया है, चन्देरी के दक्षिणी किनारे पर स्थित है। दक्षिण में बुन्देलखण्ड और उत्तर में मालवा के बीच एक लिंक का काम करता है। ज़मीनी सतह से दो सौ तीस फुट ऊपर सिर्फ दरवाज़ा ही अस्सी फुट ऊँचा और चालीस फुट चौड़ा है। फ़ाटक के पूर्वी दीवार पर

देवनागरी और नासक दो लिपियों में एक शिलालेख लिखा है, जोकि बताता है कि इसका निर्माण चन्देरी के तत्कालीन राज्यपाल शेर ख़ान के बेटे ज़िमान ख़ान द्वारा सन् 1400 ई. में कराया गया था। यह अब चन्देरी विरासत का प्रवेश-द्वार-सा दिखता है।

इस फ़ाटक के निर्माण के साथ जुड़ी किंवदन्तियाँ अत्यन्त दुःखद हैं। एक बार मालवा के सुल्तान गयासुद्दीन खिलजी को चन्देरी में आना था। उसके स्वागत के लिए एक फ़ाटक का बनना तय हुआ, जो पूरे एक पहाड़ को काटकर बनाया जाना था। भावुक ज़िमान ख़ान ने घोषणा की कि जो भी राजमिस्त्री एक रात में प्रवेश-द्वार बनाएगा, उसे एक बड़ा पुरस्कार दिया जायेगा। केवल एक राजमिस्त्री ने चुनौती स्वीकार की और ज़िमान खान को आश्वासन दिया कि वह अपने दल के साथ, इस कार्य को पूरा करेगा। अगली सुबह ज़िमान ख़ान को प्रवेश-द्वार को देख कर सुखद आश्चर्य हुआ। वह हैरान था, लेकिन आगे निरीक्षण करने पर ग़ौर किया कि यह दरवाज़ा जिस आधार पर टिके, उसके लिए प्रावधान का अभाव था।

चूँकि यह दरवाज़ा सामरिक रूप से महत्वपूर्ण स्थान पर स्थित था, अतः सुरक्षा कारणों से यह अनिवार्य हो गया था कि वहाँ एक दरवाज़ा हो। ज़िमान ख़ान ने इस ग़लती को करने के लिए राजमिस्त्री को पैसे देने से इनकार कर दिया, जिसने इस लगभग असम्भव कार्य को पूरा किया था, उसके बावजूद ख़ाली हाथ, उदास और ग़मग़ीन लौट गया। उसने बाद में आत्महत्या कर ली और आज तक यह कटी घाटी फ़ाटक-दरवाज़े के बिना खड़ा है। शान्त लेकिन गर्व से माथा उठाये हुए... आठों पहर चन्देरी को निहारते हुए, आँखों में आसमान भरकर देखता हुआ द्वार...

समझ में नहीं आता कि कौन-सा छोर पकड़ूँ, कहाँ से शुरू करूँ, हमेशा की तरह चायवाला!!

उस चाय वाले ने कहा था, "'बादल महल' देखो! फिर 'कौशक महल' देखना!"

चन्देरी के सभी स्मारकों के बीच सबसे प्रख्यात है 'बादल महल', जो अन्दरूनी शहर के दक्षिणी छोर पर स्थित है। शहर के सात इंटरलॉकिंग दीवारों में से एक, जोकि शहर को विशिष्ट क्षेत्रों में बाँटती थी, के भीतर स्थित

यह दरवाज़ा पन्द्रहवीं सदी में सुल्तान महमूद शाह खिलजी के शासनकाल के दौरान बनाया गया था। ऐसा भी कहा जाता है कि यह प्रवेश-द्वार एक महल, 'बादल महल' के द्वार पर खड़ा था, लेकिन अब यह महल अस्तित्व में नहीं है। यह मेहराबदार फ़ाटक स्वयं ही एक प्रवेश-द्वार का काम करता था, जिसके दोनों तरफ दो लम्बी बाँसुरीनुमा मीनारें हैं। दरवाज़े के ऊपर कुछ स्थान ख़ाली है और शीर्ष पर एक और मेहराब है, जिसमें चार अलग-अलग पैटर्न की जाली की सज़ावट है। यह 'बादल महल' का दरवाज़ा इस समय की समृद्ध वास्तुकला, विचार और समय के प्रतीक के रूप में खड़ा है मानो शहर के बीच में खड़े होकर, एक विदूषक की तरह कहानियाँ बाँचता हो। उसी 'बादल महल' ने पश्चिम का रास्ता बताया-

शहर से पश्चिम की ओर बाहर निकलने पर एक और महत्वपूर्ण इमारत मिलती है, 'कौशक महल।' इस महल के आसपास कुछ समय पहले तक घना जंगल हुआ करता था। मुख्य्य द्वार से पहले ही एक पत्थर पर लिखा देखा जा सकता है कि 'कौशक महल', मध्ययुगीन स्थापत्य कला का यह अनूठा स्मारक घन के आकार में चार बराबर खण्डों में बँटा हुआ दिखायी देता है। इसके चारों खण्डों के नाम एवं आकृति, सभी एक समान हैं। अफ़ग़ान शैली में निर्मित इस महल की तीन मंज़िलें पूर्ण हैं, जबकि चौथी मंज़िल के कुछ ही भाग शेष हैं। इस महल का निर्माण पन्द्रहवीं शताब्दी में मालवा की सुल्तान महमूद शाह खिलजी प्रथम ने जौनपुर विजय के उपलक्ष में कराया था।

यह महल चार बराबर हिस्सों में बँटा हुआ है। कहा जाता है कि सुल्तान इस महल को सात खण्डों में बनवाना चाहते थे, लेकिन मात्र तीन खण्ड ही बनवा सके। महल के हर खण्ड में बालकनी, खिड़कियाँ और छत पर की गयी शानदार नक्काशियाँ हैं। इस इमारत को देखकर ही चन्देरी के वैभव का अन्दाज़ा लगाया जा सकता है। अपने ही प्रकार की अनोखी वास्तुकला का अभिनव प्रयोग यहाँ देखने को मिलता है। यहाँ इमारत अधूरी होते हुए भी एक विशिष्ट प्रकार की पूर्णता लिये हुए है।

अपूर्णता में भी पूर्णता का भान! अहा, क्या दर्शन है! अपूर्णता में भी सुन्दरता और पूर्णता देख लेना, इसके लिए पूर्णता का आधार बहुत ज़रूरी है। लेकिन यह केवल 'कौशक महल' ही नहीं, बल्कि चारों ओर दिखता है एक

भरा-पूरा रीतापन, अपूर्णता...

हम जरा शहर के दूसरी तरफ चलते हैं उत्तर पूर्व की तरफ, लगभग बाहर की ओर। यहाँ एक ख़ूबसूरत ताल को बुन्देला राजपूत राजाओं ने बनवाया था, जिसका नाम है, परमेश्वर ताल। ताल के निकट ही एक मन्दिर बना हुआ है, जहाँ वर्ष में एक बार बड़ा मेला लगता है। एक विशेष चीज़ ने मुझे आकृष्ट किया वह है, मन्दिर के भीतर की बावड़ी। शायद मैंने पहले कभी इतना स्वादिष्ट पानी पिया हो।

मन्दिर के मुख्य पुजारी से इसका राज़ पूछा तो दार्शनिक की तरह हँसकर बोले, "राम की माया, राम ही जाने।"

हम मन्दिर से राम जी की कृपा के साथ बाहर निकले तो आसपास कई और स्मारक दिखते हैं। राजपूत राजाओं के तीन स्मारक। क्या सुन्दर बनावट है? षटकोणीय एवं बहुखण्डी। एक के बाहर लिखा है, 'राजा भरत शाह के स्मारक के रूप में छतरी का निर्माण राजा देवी सिंह बुन्देला द्वारा 1642-54 ई. में करवाया गया।'

यह विशाल स्मारक बुन्देला स्थापत्य कला का अद्वितीय नमूना है। किस विचार, सोच के साथ ये इमारतें बनाई गयी होंगी, मैं यही सोचता रहा। लेकिन पूरे देशभर में भ्रमण करते हुए, प्राचीन इमारतों को देखते हुए जिस बात का क्षोभ हमेशा रहता है, वो क्षोभ इन स्मारकों को देखकर मन में और अधिक जम गया। किसी को परवाह नहीं कि इस बीते हुए कल को सहेजकर रख सके।

इन स्मारकों के पास ही तालाब के बगल में खेतों के बीच पीले रंग का एक और सुन्दर स्मारक दिखायी देता है। मौन आमन्त्रण-सा देता हुआ लेकिन गेट पर ताला लगा है। गेट के बाहर एक पत्थर लगा है, जिस पर लिखा है, 'शहज़ादी का रोज़ा।' यह किसी सुल्तान की शहजादी का मक़बरा है, जिसका नाम ज्ञात नहीं है। यह चौकोर स्मारक के दो खण्डों में निर्मित है, जिसको देखकर ऐसा प्रतीत होता है कि इसकी छत एक विशाल गुम्बद से आच्छादित रही होगी।

इसकी प्रत्येक दिशा में पाँच बन्द मेहराब युक्त दीवारों पर सर्प आकार से अलंकृत छज्जा निर्मित है, जो ऊपरी व निचले खण्डों को विभक्त करता

है। स्मारक के बाहरी भाग पर रंगीन टाइल्स का प्रयोग किया गया है, जो आज भी स्पष्ट दिखायी देता है। इस स्मारक का निर्माण 1420-35 के मध्य किया गया था।

हम वापस शहर में आ गये हैं। चन्देरी की जामा मस्ज़िद इसलिए भी विशेष है कि इस मस्ज़िद में कोई मीनार नहीं है। मस्ज़िद का गुम्बद और वीथिका काफ़ी सुन्दर हैं। क़िले से यह मस्ज़िद अपने अलग ही स्वरूप को दिखाती है।

मस्ज़िद से थोड़ी ही दूर पर एक जर्जर लेकिन सुन्दर, तीन मंज़िली इमारत दिखी। यहाँ पुरानी अदालत या पुरानी कचहरी का बोर्ड लगा था। देखकर यही लगा कि यह पुरानी इमारत अपने सुनहरे अतीत की कहानी बिना किसी संरक्षण के ही कहने में समर्थ थी। इस इमारत के सामने लगे बोर्ड पर लिखा है कि यह विशाल इमारत न्याय का सदन है। इसे 'पुरानी कचहरी' के नाम से जाना जाता है। वास्तव में यह बुन्देला शासकों का एक महल है। इसका निर्माण 17वीं-18वीं सदी में बुन्देला शासकों द्वारा करवाया गया। पूर्वकाल में इस इमारत में न्यायालय संचालित रहने के कारण इसे 'पुरानी कचहरी' कहा जाता है।

पुरानी कचहरी से थोड़ा आगे एक और खण्डहर जैसी इमारत है, जहाँ बोर्ड पर लिखा था, 'चकले की खिड़की और खारी बावड़ी।'

इस तरह की इमारतें तो दस्तावेज़ के रूप में आपको जगह-जगह दिखती ही रहती हैं। कई जगह इनके बाहर लगे बोर्ड जानकारियाँ देते हैं और कई जगह आसपास के लोग गाइड बन जाते हैं। हँसते-मुस्कुराते बालक, जवान, बुजुर्ग मानो इस शहर की क़िस्सागोई हर रहवासी के ख़ून में जा घुली है। पूरा शहर और हर इमारत अगर क़ायदे से देखनी हो तो आपको यहाँ लम्बा समय बिताना पड़ेगा, पर मेरा मन तो कीर्तिदुर्ग पर अटका है। चलो! वहीं चलते हैं।

यह क़िला चन्देरी का सबसे प्रमुख आकर्षण है। भारतीय जीवन सभ्यता और संस्कृति के गौरवमय तथ्य पाषाणों की एक-एक रेखा में विद्यमान है। यह हमारी मौलिक सम्पत्ति है। खण्डहर संस्कृति प्रकृति और कला का त्रिवेणी संगम है, जहाँ सत्यम्-शिवम्-सुन्दरम् का साक्षात्कार होता है। खण्डहरों में ही हमें सत्य के दर्शन होते हैं।

बुन्देला राजपूत राजाओं द्वारा बनवाया गया यह विशाल क़िला उनकी स्थापत्य कला की जीवन्त मिसाल है। कीर्तिदुर्ग उन तमाम क़िस्से-कहानियों, वीरता, शौर्य की गाथाओं, न्याय-अन्याय, घात-प्रतिघात, वफ़ादारी-ग़द्दारी इत्यादि का साक्षी होकर आज हमारी अमूल्य धरोहर है, हमारी विरासत है, जिस पर हमें गर्व है। कहना यह है कि अनेकों-अनेक विशेषताओं से परिपूर्ण यह दुर्ग भारत में स्थित अन्य दुर्ग से कहीं ज़्यादा जानकारियाँ अपने आप में संजोये हुए है, जो भारत में कुछ ही दुर्ग-किलों को नसीब हुई हैं।

यह दुर्ग हाड़ी की एक चोटी पर बना हुआ है, जो पाँच किलोमीटर लम्बी दीवार से घिरा हुआ है। वर्तमान में दिखायी देने वाला दुर्ग पूर्वकाल में स्थापित दुर्ग का एक हिस्सा मात्र भी नहीं है। पूर्वकाल में यह दुर्ग विशाल भू-भाग पर फैला हुआ था। आज भी यहाँ-वहाँ खड़े खण्डहर सम्पूर्ण दुर्ग की उपस्थिति का बोध कराने में सक्षम हैं।

इस क़िले में तीन प्रवेश-द्वार हैं। ऊपर के द्वार को 'हवापुर दरवाज़ा' और नीचे के द्वार को ख़ूनी दरवाज़ा कहा जाता है।

क़िले के दक्षिण-पश्चिम में एक रोचक दरवाज़ा है, जिसे कट्टी-घट्टी कहा जाता है। चन्देरी क़िले के अन्दर पर्यटन के कई आकर्षण हैं, जैसे खिलजी मस्ज़िद, नौखण्डा महल, हज़रत अब्दुल रहमान की दरगाह आदि। आज कई स्थानों पर अवशेष बिखरे पड़े हैं लेकिन एक एक पत्थर इस दुर्ग का हिस्सा होने पर कितना गर्व महसूस करता है, यहाँ उनके साथ थोड़ा समय बिताने पर ही पता चलता है। खण्डहरों का वैभव, हमारा सांस्कृतिक वैभव है। यह हमारा ऐसा उत्तराधिकार है, जिसका मूल्य सोने-चाँदी से नहीं आँका जा सकता। हमें धर्ग राज्य मन्त्र, इन्हीं खण्डहरों से प्राप्त हुए हैं।

दुर्ग के भीतर एक बावड़ी है- 'बत्तीसी बावड़ी।' गोल, चौकोर और समकोण बावड़ियों से भरे इस नगर में अफ़ग़ान वास्तुकला की दूसरी जगमगाती निशानी है। चार मंज़िला घाटों से सजी यह बावड़ी है। इसकी सुन्दर सीढ़ियों के ऊपर, बीच में पटे हुए स्वागत द्वारों ने इसे भव्य बना दिया है। साठ फीट लम्बी और साठ फीट चौड़ी वर्गाकार बावड़ी आज भी नयनाभिराम है। यहाँ पर फ़ारसी में लिखा है, जिसका अर्थ है, 'जो स्वर्ग की एक झलक देखना चाहता है, वह यहाँ आकर थोड़ा विश्राम करे, क्योंकि स्वर्ग इसी के समान है।'

क़िले के ऊपर जौहर ताल के किनारे भारतीय नारी के अस्तित्व प्रेम एवं आत्मसम्मान का एक गौरवशाली पृष्ठ लिखा हुआ है। अपने स्वाभिमान, अभिमान, गर्व, सतीत्व और राष्ट्र रक्षा में पूरे गौरव के साथ अग्निमुख हो जाना, यह साहस और शौर्य की पराकाष्ठा है। इसी पराकाष्ठा के दर्शन इस दुर्ग ने किये थे मानो यह दुर्ग कहना चाहता हो, यह मेरे इतिहास का वह पृष्ठ है, जिसे मैं हमेशा आवरण कथा के रूप में सर्वोपरि रखता हूँ। इस पावन स्थलि और ख़ूनी दरवाज़े पर रक्त से लिखी उत्सर्ग और शौर्य की गाथा आज भी अपनी कहानी सुनाने के लिए स्वयं तत्पर है।

सोलहवीं शताब्दी के महान गायक, संगीतज्ञ, तानसेन जी के गुरुभाई पं. बैजनाथ जी का जन्म चन्देरी में 1542 में शरद पूर्णिमा की रात, एक ब्राह्मण परिवार में हुआ था। चन्देरी में कीर्तिदुर्ग के भीतर बैजू बावरा की समाधि बनी है। संगीत साधना करने वालों के लिए तो यह स्थान किसी धाम से कम नहीं।

केवल एक दिन में इतना देखना, न ही तो आँखें भरती हैं और न ही मन भारी मन से हम नीचे उतरे। चन्देरी के आसपास भी तो कितना कुछ बिखरा पड़ा है।

चन्देरी से लगभग पैंतालीस किलोमीटर दूर, ईसागढ़ तहसील के कड़वाया गाँव में अनेक ख़ूबसूरत मन्दिर बने हुए हैं। इन मन्दिरों में एक मन्दिर दसवीं शताब्दी में कच्चा पंगहटा शैली में बना है। मन्दिर का गर्भगृह, अन्तराल और मण्डप मुख्य आकर्षण हैं। चन्दल मठ यहाँ के अन्य लोकप्रिय प्राचीन मन्दिर हैं।

ओल्ड चन्देरी सिटी को 'बूढ़ी चन्देरी' के नाम से जाना जाता है। 9वीं और 10वीं शताब्दी में बने जैन मन्दिर यहाँ के मुख्य आकर्षण हैं, जिन्हें देखने के लिए हर साल बड़ी संख्या में जैन धर्म के अनुयायी आते हैं। बूढ़ी चन्देरी अपने आप में एक ऐसी विरासत है, जिसे संजोये जाना बहुत आवश्यक है। इसके पश्चिम में 10 किलोमीटर की दूरी पर प्राकृतिक झील के किनारे जंगल में एक तपोवन था। कालान्तर में इसी को 'थूबोनज़ी' कहा जाने लगा। आज भी यहाँ पर 25 जैन मन्दिरों के शिखर आकाश रेखा की शोभा बढ़ा रहे हैं।

लेकिन इतिहास के बाद वर्तमान पर दृष्टि डाले बिना वापसी कैसी चन्देरी का पारम्परिक वस्त्रोद्योग काफ़ी पुराना है। प्राचीन काल से ही राजाश्रय मिलने के कारण इसे राजसी लिबास माना जाता रहा। राजा, महाराजा, नवाब, अमीर, जागीरदार व दरबारी चन्देरी के वस्त्र पहनकर स्वयं को गौरवान्वित महसूस करते थे। 1857 में सैनिक अधिकारी रहे आर.सी. स्टर्नडैल ने चन्देरी के वस्त्रों का बखान करते हुए लिखा है, 'चन्देरी में बहुत ही उम्दा किस्म की महीन और नफ़ीस मलमल तैयार की जाती थी, जिसमें 250 से 300 काउण्ट्स के धागों से बुनायी होती थी, जिसकी तुलना ढाका की मलमल से की जाती थी।'

प्राचीन काल में चन्देरी वस्त्रों का उपयोग साड़ी, साफ़े, दुपट्टे, लुगड़ा, दुदामि, पर्दे व हाथी के हौदों के पर्दे आदि बनाने में किया जाता था, जिसमें अमूमन मुस्लिम मोमिन व कतिया और हिन्दू कोरी बुनाई के दक्ष कारीगर थे। उन्हें यह कला विरासत में मिली थी। धागों की कताई, रँगाई से लेकर, साड़ियों की बुनाई तक का कार्य वे स्वयं करते थे। आज चन्देरी की साड़ियाँ दुनिया भर में अपनी विशेष पहचान बनाये हुए हैं। चन्देरी में कोई बड़ा बाज़ार नहीं दिखता, लेकिन दुनिया भर में चन्देरी के कपड़े की धमक ज़रूर सुनने पड़ती है।

हम वापस हो लिए। बचपन की वो दादी की कहानी याद है, राजकुमार और परियों वाली, जो कभी ख़त्म नहीं होती। आज यहाँ चन्देरी मुझे उस बूढ़ी दादी जैसी ही लग रही थी, जिसकी कहानियों की परतें उधड़ती ही जाती हैं।

कभी किसी शहर से उसके अनकहे क़िस्से सुनने हों तो बस चन्देरी हो आइए!

सिरपुर

माटी से झाँकता अतीत

इस बार की छत्तीसगढ़ यात्रा एक निश्चित उद्देश्य के साथ तय हुई थी। रायपुर में रहने वाले एक मित्र ने पहले से ही एअरपोर्ट पर गाड़ी भेज दी थी, जो बाहर निकलते ही प्रतीक्षा करती मिली।

सामान के रूप में साथ में कुछ ख़ास नहीं था। एक छोटा पिट्ठू बैग और एक बड़ा कैमरा (अक्सर जिसके कारण लोगों को मेरे पत्रकार होने का भ्रम हो जाया करता है)।

मोहनलाल ने भी पहला सवाल यही पूछा—

"जर्नलिस्ट हैं क्या सर आप?"

मैंने मुस्कुराकर न में गर्दन घुमा दी,

"सर! पहले शहर चलेंगे या सीधे सिरपुर?"

"सीधे मतलब? रास्ते में कोई मोड़ नहीं है क्या?"

मोहनलाल धीरे-से मुस्कुरा दिया।

मैं तय किये बैठा था

सीधे सिरपुर!!

विमान के ज़मीन को छूने से पहले बाहर के लैंडस्केप्स को देखकर मुझे फिर से याद आ गया कि जब पहली बार मैं छत्तीसगढ़ गया था तो इस ज़मीन को देखकर अनायास ही एक विचार में आया था कि सृष्टि की रचना करने वाले ने जब पेंसिल से एक ड्रॉ तैयार कर लिया होगा और बारी उस स्केच में रंग भरने की होगी तो उस कैनवास पर जहाँ छत्तीसगढ़ होगा, वहाँ हरे, पीले और पनियाले रंग की शीशियाँ बिखर गयी होंगी। हरापन, पनियाला और पका

हुआ पीला रंग शायद ही अपनी इतनी धमक के साथ कहीं और चमकते होंगे, जितने छत्तीसगढ़ की इस धरती पर चमकते हैं। कैसे अनोखे रंग, कैसी धमक और चमक!

गाड़ी के बाहर भादों का छत्तीसगढ़ कैसा दिखता होगा, इस चित्र को हर कोई अपने मस्तिष्क में खींच सकता है, जिसने एक बार भी छत्तीसगढ़ देखा होगा।

हवा और बादलों के बीच मल्ल युद्ध छिड़ा हुआ था आसमान के अखाड़े में दोनों पहलवान अपनी पूरी क्षमता के साथ उतरे थे। बादल भी कैसा विचित्र— अब बरसा, तब बरसा। स्वाभिमानी, थोड़ा अकड़ा हुआ-सा मानो धरती की प्यास बुझाने की पूरी ज़िम्मेदारी उसी के कन्धों पर रखी हुई हो और हवा चुनौती देकर बादलों को कह रही हो, "यहाँ कैसे बरसोगे? मैं जहाँ तुम्हें बहाकर ले जाउँगी, वहाँ बरसोगे।"

मैं हवा और बादलों के इस संवाद में खोया था। लगभग सौ किलोमीटर का सफ़र था। अक्सर यह होता है कि मंज़िल की अनेक तस्वीरों का ख़ाका, आपका दिमाग़ पहले से बनाने लगता है, किन्तु इस बार मैं ख़ाली था, बिलकुल साफ़! पहले से तय धारणाओं के बिना जीवन बहुत आनन्दकारी होता है। धारणाओं के चटकने की आवाज़ नहीं होती, लेकिन धमक बहुत गहरे तक जाती है। और बिना अपेक्षाओं के जब उम्मीद से ज़्यादा मिलता है तो उसका आनन्द भी कुछ अलग ही होता है।

मुझे अचानक वह घटना जस की तस याद आ गयी, जिस घटना के आधार पर यह यात्रा नियत हुई थी। यह बात सन् 2012 अक्टूबर की है। मुझे एक मित्र के माध्यम से श्री के.के. मोहम्मद (जो उस समय भारतीय पुरातत्व विभाग के उत्तर क्षेत्र के निदेशक थे), के घर से भोजन का आमन्त्रण मिला था। मुझे पता चला कि बटेसर, जहाँ श्री के. के. मोहम्मद के प्रयासों से उत्खनन एवं मन्दिरों के पुनर्निर्माण का कार्य हुआ है, उस स्थान के मेरे खींचे हुए फ़ोटो एक प्रदर्शनी में देखकर उन्होंने मुझे भोजन पर आमन्त्रित किया था। उन्हीं के घर पर उनसे बातचीत के दौरान बातों-बातों में सिरपुर का ज़िक्र आया और श्री अरुण जी के बारे में पता चला। मोहम्मद साहब ने बताया कि अरुण जी के लगभग दस वर्षों के अथक प्रयास से सिरपुर का उत्खनन सम्भव हो सका है।

पाँचवी शताब्दीं का पूरा शहर अब ज़मीन से बाहर आकर आसमान से बात कर रहा है।

शताब्दियों पुराने अनेक मन्दिर, बौध चैत्य, जैन विहार, बहुत बड़ा बाज़ार— सब ज़मीन से निकाले गये हैं। उत्खनन का काम अभी भी जारी है। ऐतिहासिक रूप से देखने पर छत्तीसगढ़ एक अलग ही रूप में सामने आता है। छत्तीसगढ़ जो दक्षिण-कौसल के नाम से जाना जाता था, यहाँ मौर्यों, सातवाहन, वकाटक, गुप्त, राजर्शितुल्य कुल, शरभपुरीय, सोमवंशियों, नल, कलचुरियों का शासन रहा था।

यह सब सुनना ही कितना रोमांचकारी था कि ज़मीन के नीचे से निकलकर कोई शहर आसमान से बातें करने लगा है। उस नगर का मन किन उमंगों से भरा होगा, जब शताब्दियों बाद पहली बार उसने उन्मुक्त आकाश को देखा होगा। उस शहर के मन्दिर के शिखरों ने उड़ते हुए बादलों को आवाज़ दी होगी।

गाड़ी में बैठते ही सबसे पहले मैंने अरुण जी को फ़ोन लगा दिया। बात हुई तो पता चला कि वे राजिम के पास एक स्थान पर खुदाई आरम्भ कर रहे हैं, मैं सिरपुर जाने से पहले राजिम पहुँच गया। पवित्र तीर्थ राजिम यहाँ के प्रसिद्ध राजीव लोचन मन्दिर में भगवान् विष्णु प्रतिष्ठित हैं। प्रतिवर्ष यहाँ पर शिवरात्रि पर एक विशाल मेला लगता है। मेलों की परम्परा भारतीय सनातन परम्परा की जीवन्तता एवं आनन्द की अनोखी परम्परा है। बिना किसी बँधे अनुशासन के लाखों लोग इन मेलों में आते हैं, श्रद्धा और आनन्द की एक समानान्तर लहर...

यहाँ गर महानदी, पैरी नदी तथा सोंढुर नदी का संगम होने के कारण यह स्थान 'छत्तीसगढ़ का त्रिवेणी संगम' कहलाता है। मैं बहुत देर तक इन नदियों को अपने भीतर मिलता हुआ देखता रहा था।

तीनों नदियाँ अलग-अलग होकर भी मेरे भीतर एक साथ बहती रही थीं। संगम पर ही कुलेश्वर महादेव का विशाल मन्दिर स्थित है। कहा जाता है कि वनवास काल में श्री राम ने इस स्थान पर अपने कुलदेवता महादेव जी की पूजा की थी। इस स्थान का प्राचीन नाम 'कमलक्षेत्र' है। ऐसी भी मान्यता है कि सृष्टि के आरम्भ में भगवान् विष्णु की नाभि से निकला कमल यहीं पर

स्थित था और ब्रह्मा जी ने यहीं से सृष्टि की रचना की थी। इसीलिये इसका नाम 'कमलक्षेत्र' पड़ा।

संगम में स्नान, अर्पण, अर्घ्य, विसर्जन तथा संगम किनारे पिंडदान, श्राद्ध एवं तर्पण किया जाता है। हमारी सांस्कृतिक परम्पराओं को संरक्षित रखने में इस तरह के आयोजन महत्त्वपूर्ण भूमिका निभाते हैं, लेकिन ये केवल पीढ़ी दर पीढ़ी चलने वाली परम्पराएँ भर नहीं हैं बल्कि विज्ञान और तर्कों पर आधारित आस्थाएँ हैं, जो शताब्दियों से ऐसे ही चली आ रही हैं। इस स्थान की उर्जा आपको अनायास ही प्रभावित करती है।

संगम के पास ही अत्यन्त प्राचीन एवं भारतीय इतिहास व वास्तु इतिहास में ख़ास महत्त्व रखने वाला राजीव लोचन मन्दिर है, अत्यन्त सादगी लिये हुए। लेकिन आप वहाँ होकर उसकी आभा के प्रभाव से बच नहीं सकते। मन्दिरों के निर्माण, उनकी व्यवस्था और संचालन अपने आप में एक पूरा विज्ञान है। मन्दिर लगभग 1,400 वर्ष पुराना है, लेकिन बाहर से देखने पर नहीं लगता।

मैं मन्दिर के बाहर ही अरुण जी की प्रतीक्षा कर रहा था, अरुण जी स्वयं मुझे लेने बाहर आये। सन जैसे सफ़ेद बाल, दुबला-पतला शरीर और अत्यन्त साधारण वेशभूषा! पहले तो मुझे लगा कि अरुण जी ने किसी को लेने के लिए भेजा होगा, लेकिन आकर उन्होंने स्वयं परिचय दिया। हाथ में कन्नी लिए अरुण जी ने दूसरे हाथ से मेरा हाथ थामा और अत्यन्त सौम्यता से बोले, "आइये! आपको चाय पिलाते हैं" मुझे आश्चर्य हुआ, "पद्मश्री" सम्मान से सम्मानित, अयोध्या के राम मन्दिर परिसर एवं सिरपुर की खुदाई में महत्त्वपूर्ण भूमिका निभाने वाले अरुण जी ऐसे होंगे, यह तो मैंने कभी नहीं सोचा था। उनकी यह सहज़ता और सौम्यता ही उनके बड़ेपन का परिचय था, पुरातत्व का अथाह ज्ञान।

वहीं बैठकर उनसे बातचीत हुई। चाय आयी, बातों-बातों में भारत की प्राचीन और समृद्धि वास्तुकला निर्माण कला और विज्ञान के बारे में बातें चल निकलीं। उन्होंने कहा कि नदियों के किनारे सभ्यताओं का बसना-विकसित होना और विकास के शिखर पर पहुँचना, यह सब हमारे उन्नत ज्ञान विज्ञान का ही प्रतिफल था। अरुण जी बताते जा रहे थे, "राजीव लोचन मन्दिर में कल्चुरी सम्वत् 1816 (अर्थात् सम्भवत: 1145 ई.) का

एक शिलालेख है, जिसे रतनपुर के कल्चुरी नरेशों के सामन्त, जगतपाल ने लिखवाया था।

''अभिलेख में रतपालदेव के वंश का नाम, राजमल लिखा हुआ है। 'राजमल' से 'राजम' जिसे कनिंघम ने 'राजिम' शब्द की उत्पत्ति माना है। राजिम शब्द की उत्पत्ति के बारे में अलग-अलग व्याख्या है। यह शिलालेख आज भी देखा जा सकता है।' राजिम से बहुत सारी पुरातात्विक सामग्रियाँ प्राप्त हुई हैं। इसीलिए पुरातत्वविदों के लिए राजिम एक आकर्षण का केन्द्र है।

"इसके उपरान्त राजिम एक ऐसी जगह है, जहाँ से प्राप्त सामग्रियों का काल, किसी विशेष युग से न होकर, भिन्न-भिन्न कालों से है। यहाँ महानदी के किनारे प्रसिद्ध राजीव लोचन मन्दिर के पास एक नये स्थान पर खुदाई शुरू हुई थी। इससे पूर्व सिरपुर में काम करना तो मेरा सौभाग्य था, जैसे ईश्वर ने मेरे लिए ही वह काम नियत किया था, ऐसा कई बार मुझे लगता है।"

अरुण जी ने एक बात बहुत ज़ोर देकर कही, जो आज भी मेरे साथ-साथ चलती है। उन्होंने कहा था, "यदि हर कालखण्ड में भारत की पीढ़ियाँ अपने समय के ज्ञान, विज्ञान और कला पर गर्व करते हुए उनके केन्द्रों की पूरे मनोयोग से स्थापना एवं निर्माण करती रहें तो भारत फिर कभी गुलाम नहीं हो सकता..."

"उन्होंने सिरपुर के बारे में बताया, पुरातत्वीय स्थलों की सूची में सिरपुर का स्थान सर्वोच्च है। पुण्य-सलिला महानदी के तट पर स्थित सिरपुर का अतीत, सांस्कृतिक विविधता तथा वस्तुकला के लालित्य से ओतप्रोत रहा है। प्राचीन भारत में नदियों के किनारे जो अत्यन्त महत्त्वपूर्ण नगर विकसित हुए, उनमें से सिरपुर अपना प्रमुख स्थान रखता है।

"सिरपुर प्राचीन काल में 'श्रीपुर' के नाम से विख्यात रहा है तथा सोमवंशी शासकों के काल में इसे दक्षिण कोसल की राजधानी होने का गौरव प्राप्त रहा है। तत्युगीन कला के शाश्वत् नैतिक मूल्यों एवं मौलिक स्थापत्य शैली के साथ-साथ धार्मिक सौहार्द तथा आध्यत्मिक ज्ञान-विज्ञान के प्रकाश से आलोकित सिरपुर भारतीय कला के इतिहास में विशिष्ट कला-तीर्थ के रूप में प्रसिद्ध है। सिरपुर के भग्नावशेषों में भागवत्, माहेश्वर एवं तथागत के सद्धर्म से शासित अनुयायियों की शाश्वत् वाणी में 'विश्व बंधुत्व' के अनेक सन्देश

अनुगूंजित हैं। यद्यपि सिरपुर की समृद्धि के परिचायक अधिकांश पुरावैभव विलुप्त हो चुके हैं, फिर भी विद्यमान अल्पांश अवशेष अतीत के गौरव के गौरवान्वित साक्ष्य हैं, जो आज भी गर्व के साथ भारत की समृद्ध विरासत की कहानियाँ सुना रही हैं।

सिरपुर की प्राचीन विरासत का प्रथम परिचय प्रवरराज तथा महासुदेवराज के ताम्रपत्रों से मिलता है। सोमवंशी शासकों के काल में सिरपुर दक्षिण कोसल के महत्वपूर्ण आर्थिक, सामाजिक, राजनैतिक एवं सांस्कृतिक केन्द्र के रूप में प्रतिष्ठित हुआ।

सातवीं सदी ईसवी में चीन के पर्यटक तथा विद्वान ह्वेनसांग ने दक्षिण कोसल की 639 ईसवी में यात्रा की थी। उनके अनुसार, सिरपुर में उस समय लगभग 100 संघाराम थे, जिनमें महायान सम्प्रदाय के 10,000 भिक्षु निवास करते थे। राजनैतिक सुस्थिरता तथा धार्मिक सहिष्णुता के फलस्वरूप सिरपुर दीर्घकाल तक ज्ञान-विज्ञान तथा कला का केन्द्र बना रहा।

अरुण जी मेरे साथ सिरपुर तो नहीं जा सके, लेकिन मुझे सिरपुर दिखाने की, रुकने की, भोजन आदि की सारी व्यवस्था कर दी। मैं सिरपुर पहुँचा तो लगा मानो पूरा शहर दोनों हाथ फैलाए मेरे स्वागत के लिए तैयार खड़ा था।

मैं गाड़ी में बैठा बैठा सोचता जा रहा था कि आज से लगभग 1,500 वर्ष पूर्व, जब कोई सिरपुर आता होगा तो यहाँ नगर किस भाव से आतिथ्य करता होगा? क्या नगर के बाहर कुछ विश्रामशालाएँ होंगीं, कुछ प्याऊ और धर्मशालाएँ... नगर प्रवेश का क्या प्रबन्ध होता होगा? अब केवल हरियाली है। हरियाली के बीच अपनेपन में अपने ही भीतर बैठा हुआ सिरपुर। छोटे-से सरकारी गेस्ट हाउस में सामान रखा। गेस्ट हाउस के पीछे महानदी की धारा, बहुत शान्ति के साथ रह रही थी मानो किसी शान्त शहर को वह जस का तस बैठा रहने देना चाहती हो। काश! मानव भी ऐसे ही सबको शान्ति से रहने देने के लिए चुपचाप बहता रहता।

उस समय के उन्नत विज्ञान, कला प्रेम और सामाजिक मूल्यों के गढ़न का यह एक बेहतरीन उदहारण है। शताब्दियों की कोख से ज्यों-ज्यों प्रसव के बाद इतिहास जन्मा, जिस विचार या मत का सार्वभौमिक प्रभाव रहा, सिरपुर

उसे परत दर परत ओढ़ता चला गया, लेकिन पिछली परत ने नई परतों का केवल स्वागत ही किया।

सन् 2005 में ये परतें जब उखड़नी शुरू हुईं तो मानो इतिहास का सफर उल्टा होकर छठीं शताब्दी तक चला आया। मैं भी समय की उसी पगडण्डी पर साथ-साथ हो लिया, बस यह देखने कि इतिहास के ऊपर से जब परतें हटती हैं तो वह कैसा दिखता है?

मेरे साथ गेस्ट हाउस से मार्गदर्शक के नाते अनिल मेरे साथ हो लिये। उम्र में मुझसे कुछ बड़े, पास के एक गाँव के रहवासी, पूरी तरह से खुदाई के अभियान से नहीं जुड़े थे, लेकिन उन्होंने ज़मीन के नीचे से झाँकते हुए सिरपुर को हर रोज़ देखा है।

प्राचीन इतिहास, पुरातत्व के वैभव से सम्पन्न सिरपुर के सौन्दर्य में महानदी के सुरम्य प्रवाह की भी भागीदारी है। छोटे-बड़े पेड़ों, कुंजों, लताओं का जीवन्त हरापन सिरपुर को और भी दर्शनीय बना देता है।

अनिल ने मुझे बताया कि यहाँ के मुख्य दर्शनीय स्मारक स्थलों में लक्ष्मण मन्दिर तथा गंधेश्वर मन्दिर प्रारम्भ से अस्तित्व में रहे हैं। बालेश्वर मन्दिर समूह, शिव मन्दिर, राज प्रासाद, सुरंगटीला, आनन्द प्रभु कुटी विहार, स्वास्तिक विहार, तीवरदेव महाविहार आदि उत्खनन से बाहर आये हैं।

हम सबसे पहले लक्ष्मण मन्दिर पहुँचे। एक बड़े बगीचेनुमा अहाते के बीचों-बीच ईंटों की एक संरचना। दूर से पहली बार देखने पर यह बहुत साधारण दिखती है, लेकिन जैसे-जैसे नज़दीक जाते हैं, भ्रम टूटते हैं, धारणाएँ बदलती हैं। खिले हुए नीले आसमान के नीचे, गर्व से मस्तक उठाये लक्ष्मण मन्दिर अपने आप में इतिहास का एक बड़ा हिस्सा संजोए खड़ा है। गुप्तकालीन कला का एक बेहतरीन नमूना, ईंटों पर की गयी नक्काशी झट-से ध्यान आकर्षित करती है। आमतौर पर पत्थरों पर बारीक नक्काशी देखने को मिलती है, यहाँ ईंटों पर इतना महीन और सुन्दर काम... शिखर तथा स्तम्भों पर जो बारीक काम है, वह भारतीय शिल्पकला का अद्‌भुत उदाहरण है।

आगे की कहानी सुनकर तो एक बार मैं भी अचम्भित रह गया। यह मात्र एक मन्दिरभर या मात्र श्रद्धा का केन्द्र नहीं है बल्कि 'अगाध प्रेम का अनूठा शिल्प' भी है। छठी सदी में सिरपुर के शैव राजाओं में एक थे, सोमवंशी राजा

हर्षगुप्त। हर्षगुप्त की पत्नी रानी वासटादेवी वैष्णव सम्प्रदाय से सम्बन्ध रखती थीं, जो मगध नरेश सूर्यवर्मा की बेटी थीं। राजा हर्षगुप्त की मृत्यु के बाद ही रानी ने उनकी याद में इस मन्दिर का निर्माण कराया था।

यही कारण है कि लक्ष्मण मन्दिर को एक नारी के मौन समर्पित प्रगाढ़ प्रेम का प्रतीक भी माना जाता है। नागर शैली में बनाया गया यह मन्दिर भारत का पहला ऐसा मन्दिर माना जाता है, जिसका निर्माण लाल ईंटों से हुआ था। गर्भगृह, अन्तराल और मण्डप, मन्दिर की संरचना के मुख्य अंग हैं। साथ ही मन्दिर का तोरण भी उसकी प्रमुख विशेषता है।

मन्दिर के तोरण के ऊपर शेषशैया पर लेटे भगवान् विष्णु की अद्भुत प्रतिमा है। इस प्रतिमा की नाभि से ब्रह्मा जी के उद्भव को दिखाया गया है और साथ ही भगवान् विष्णु के चरणों में माता लक्ष्मी विराजमान हैं। तोरण लाल पत्थर का बना हुआ है। इसके साथ ही मन्दिर में भगवान् विष्णु के दशावतारों को चित्रित किया गया है।

हालाँकि यह मन्दिर भगवान् विष्णु को समर्पित माना जाता है, लेकिन यहाँ गर्भगृह में लक्ष्मण जी की प्रतिमा विराजमान है। इसकी कटि में वस्त्र, गले में यज्ञोपवीत, कानों में कुण्डल और मस्तक पर जटाजूट शोभित है। यह मूर्ति एक पाँच फनों वाले सर्प पर आसीन है, जो शेषनाग का प्रतीक है। यह केवल मन्दिर और मूर्तियाँ भर नहीं हैं, यह तो सम्पूर्ण महाकाव्य है।

खुदाई में मिले शिलालेखों के अनुसार, प्रेम के अप्रतिम स्मारक के रूप में 'लक्ष्मण मन्दिर' प्रमाणित है।

मगध नरेश सूर्यवर्मा की बेटी, वैष्णव धर्माव लम्बी वासटादेवी की प्रेम कहानी का उल्लेख चीनी यात्री ह्वेनसांग ने भी अपनी यात्रा वृतान्त में किया है। जानकार कहते हैं कि 12वीं शताब्दी में सिरपुर में आये विनाशकारी भूकम्प ने तत्कालीन श्रीपुर का पूरा वैभव छीन लिया था। इस भूकम्प में पूरा श्रीपुर नष्ट हो गया था, लेकिन यह लक्ष्मण मन्दिर अप्रभावित रहा। उसके बाद 14वीं-15वीं शताब्दी के दौरान महानदी की भयानक बाढ़ ने सिरपुर में तबाही मचा दी थी, लेकिन एक पत्नी के निश्छल प्रेम का यह प्रतीक बिना किसी नुकसान के सदियों से भक्ति और श्रद्धा की कहानी कहता आ रहा है।

अहाते में पड़ी हुई एक बेंच पर बैठकर मैं उस निश्छल प्रेम की अमूल्य धरोहर को देख रहा था, जो लगभग 1,500 वर्षों से इस खुले आसमान के नीचे बेबाक खड़ी है। एक और विचार मन में आया कि हमारी प्रेम कहानियाँ कभी भी ताजमहल से आगे क्यों नहीं बढ़ पाईं? प्रेम से प्रतीक के रूप में केवल ताजमहल को ही क्यों रखा गया? भारत का इतिहास प्रेम और समर्पण की ऐसी असंख्य कहानियों से भरा पड़ा है, फिर वे सब नेपथ्य में क्यों? हर्षगुप्त और वासटादेवी का प्रेम और समर्पण क्यों हमारे ग्रंथों और पाठ्य-पुस्तकों का हिस्सा नहीं बन पाया? उत्तर कोई नहीं, केवल प्रश्न उठाने से उत्तर का निर्धारण नहीं होता...

अभी तो देखना था कि सिरपुर और कितने सवाल आगे के लिए छोड़ता है अभी तो केवल आरम्भ था। अनिल ने आकर कहा कि देखने वाले स्थानों की सूची हनुमान की पूँछ जितनी लम्बी है देखने को बहुत कुछ है और समय बहुत कम। मुझे याद आया कि आज शाम तक का ही समय मेरे पास है रात को वापस निकलना है।

वहाँ से निकलकर हम निकट ही स्थित राम मन्दिर पहुँचे, जो खण्डहर हो चुका था। इसी परिसर में खण्डहर हो चुके इस मन्दिर के पास एक तालाब है, जो कमल के फूलों से भरा पड़ा है, इस परिसर को इस तालाब ने जीवन्त कर रखा है। मन्दिर में अब देखने लायक कुछ नहीं बचा। बचे हुए पत्थरों पर उकेरी हुई मूर्तियों के आधार पर इसे राम मन्दिर कहा गया। कमल के फूलों से भरे तालाब के किनारे खड़े इस मन्दिर की अपनी आभा है। मन्दिर और तालाब को एक साथ देखकर ऐसा लगता है, जैसे भगवान् राम के चरणों में कमल के फूलों से भरी कोई हुण्डी रख दी गयी हो। कभी इस मन्दिर की कहानी भी अपनी ही रही होगी, इसे गढ़ने वाले शिल्पी की मनोभावना क्या रही होगी? यह खंडित मन्दिर भी कमल की भांति उमंगते हुए सौन्दर्य सा सुहावना लग रहा था। शायद इसीलिए शिल्पियों को 'अनिकेत' कहा गया है...

अनिल ने रास्ते में मुझे बताया, सन् 2005 के बाद छह बौद्ध विहार, एक बौद्ध स्तूप, एक वेद पाठशाला, एक जैन विहार, सात आवासीय भवन, आठ शिव मन्दिर तथा औद्योगिक स्थल, बाज़ार आदि। खुदाई के बाद सामने आये हैं।

स्तूप तथा औद्योगिक क्षेत्र के प्रकाश में आने से सिरपुर का इतिहास ई.पू. छठी शताब्दी तक पीछे चला गया।

पीछे मुड़कर जब कभी भारत की समृद्ध धरोहर, इतिहास और विरासत के बारे में सोचता हूँ तो एक प्रश्न हमेशा सामने आ खड़ा होता है कि आज़ादी के बाद हम अपनी पीढ़ियों के सामने अपने गर्व के प्रतीकों को वैसे क्यों नहीं रख पाए, जैसे रखे जाने चाहिए थे। फिर वही, उत्तर कोई नहीं...

यही सब बातें करते-करते मैं अनिल से सवाल पूछे जा रहा था और अनिल को जितना पता था, बताए जा रहा था...

सिरपुर का एक और प्रसिद्ध मन्दिर, गन्धेश्वर महादेव का है, जो महानदी के तट पर स्थित है। इसके दो स्तम्भों पर अभिलेख उत्कीर्ण हैं। कहा जाता है कि एक भोंसले सरदार ने इस मन्दिर का जीर्णोद्धार करवाया था। प्रथम दृष्टया यह मन्दिर सिरपुर के अवशेषों की सामग्री से ही बना प्रतीत होता है। इस मन्दिर के प्रांगण में मेरे लिए सबसे रोमांचक था नवग्रह का एक प्रस्तर खण्ड, जो उस समय के शिल्प का बेजोड़ नमूना है।

मैं जैसे-जैसे आगे बढ़ता जा रहा हूँ, कौतुहल, रोमांच और जिज्ञासा बढ़ते जा रहे थे। सिरपुर के इस प्राचीन नगर में सबसे अधिक आश्चर्यजनक है 'सुरंग टीला।' 'सुरंग टीला' वास्तव में एक शिव मन्दिर है और इसके इस विचित्र नाम के विषय में एक अत्यन्त रोचक और रहस्यमयी किंवदन्ती प्रसिद्ध है।

एक किंवदन्ती के अनुसार, पुराने समय में यहाँ के स्थानीय लोग मानते थे कि इस टीले के नीचे बेशुमार दौलत और ख़ज़ाना गड़ा हुआ है। लुटेरों ने यहाँ का ख़ज़ाना लूटने की बहुत कोशिश की, पर सभी कोशिशें नाकाम रहीं। एक अंग्रेज़ अफ़सर को जब इस टीले में गड़े हुए अपार धन के बारे में पता चला तो उन्होंने मज़दूरों की एक टुकड़ी से टीले की खुदाई का काम शुरू करवा दिया। मज़दूरों को टीले के बीच में गहरा गड्ढा खोदने का आदेश दिया गया। ज़्यादा गहराई में खुदाई करते समय एक मजदूर की जान चली गयी तो अंग्रेज़ अफसर ने घबराकर खुदाई का काम बन्द करवा दिया।

समय बीता और वही गड्ढा धीरे-धीरे एक सुरंग में तब्दील हो गया। और तब हिन्दी भाषा के दो शब्दों 'सुरंग' और 'टीला' के मेल से इस मन्दिर के

वर्तमान नाम की उत्पत्ति हुई और यह प्राचीन मन्दिर 'सुरंग टीला' के नाम से प्रसिद्ध हो गया।

इतिहासकारों के अनुसार, इस मन्दिर का निर्माण पाण्डु वंश के महाशिव गुप्त बल द्वारा सातवीं शताब्दी में कराया गया था। इस मन्दिर का निर्माण प्रसिद्ध पंचायतन शैली में किया गया है। मन्दिर के प्रांगण में पाँच देवालय हैं। मन्दिर के प्रांगण में खड़े खम्भों पर ख़ूबसूरत आकृतियाँ उकेरी गयी हैं।

मन्दिर का चबूतरा लगभग 34 फ़िट की ऊँचाई पर है। पत्थरों से बनी इस विशाल संरचना को देखकर ही आश्चर्य होता है कि इसका निर्माण कैसे हुआ होगा? उससे भी अधिक आश्चर्य इस बात को लेकर हुआ कि इसे पूरा का पूरा ज़मीन के नीचे से निकाला गया है। मन्दिर के ऊपर का वातायन पूरा नहीं है। किसी कारण से वह पूरा नष्ट हो गया होगा, ऐसी सम्भावना है।

मन्दिर के सामने भी कुछ स्तम्भों पर कीर्तिमुख जैसी संरचनाएँ दिखती हैं, जिन्हें देखकर इस बात का अनुमान लगाया जा सकता है कि उस समय यह परिसर कितना भव्य हुआ करता होगा। 'सुरंग टीला' अपने आप में अद्भुत है।

भगवान् शंकर की जिस ऊर्जा को ज्योतिर्लिंगों में अनुभूत किया जाता है, वही ऊष्मा और उर्जा यहाँ बैठकर मैं महसूस कर रहा था। उस परमदिव्य से एकाकार होने का मेरा प्रयास... ऐसा लगता है कि इस प्रांगण में अमृत भावों की कल्लोल है, आनन्द का अमृतमय गद्गद भाव है, शिव अनन्त विस्तारी हैं, यह आभा सहज लावण्य की तरह मोहक है। इस सिरपुर के पालक देव हैं शिव, जिन्होंने सदियों तक सिरपुर की रक्षा की है जब सिरपुर भूमिगत था, तब भी शताब्दियों तक धरा को अपनी जटाओं में धारण किया था। आज उन्मुक्त आकाश को ताकता हुआ मन्दिर उसी उर्जा को विश्व में बाँट रहा है। इस मन्दिर का सौरभ सौ कोस से मानव को अपनी ओर खींचता है।

एक-एक सीढ़ियाँ उतरते हुए मुझे लग रहा था, जैसे मैं 'स्व' के साथ भूमिगत हो रहा था... यह कैसी ऊर्जा का अजस्र प्रवाह है, जो मेरे भीतर से बह रही थी... उस उर्जा को अपने में समेटे मैं बौद्ध विहारों की ओर बढ़ चला।

सिरपुर में दस बौद्ध विहार पाये गये। इनमें छह-छह फ़िट की बुद्ध की मूर्तियाँ मिली हैं। सिरपुर के बौद्ध विहार दो मंज़िले हैं, जबकि नालन्दा के

विहार एक मंज़िला ही हैं। सिरपुर के बौद्ध विहारों में जातक कथाओं का अंकन है और 'पंचतन्त्र' की चित्रकथाएँ भी अंकित हैं।

मैंने पहली बार भूमिस्पर्श तथागत् की मूर्ति देखी, जो अन्यत्र कहीं नहीं देखी थी। कहते हैं, भगवान् तथागत् ने यहाँ चौमासा बिताया है। आज भी भगवान् बुद्ध के कल्याण साधन को यहाँ महसूस किया जा सकता है। सत्य, धर्म, तप, दीक्षा, ज्ञान, कर्म, प्राण, साधना जैसे शब्दों का अर्थ इन पत्थरों से फूट-फूटकर बहता हुआ-सा लगता है। बुद्ध के संदेशों का संचारी रस बहता हुआ दिखता है।

बुद्ध के जीवन का पुष्कल सौन्दर्य इस पत्थरों पर उकेरा हुआ मिलता है। उस माधुर्य को देखने की दृष्टि भर चाहिए। यहाँ आकर लगता है कि मात्र कौतुहल नहीं है बल्कि वह तो भविष्य, वर्तमान और भावी जीवन की आवश्यकता है।

अनिल ने मुझे बताया कि कुछ समय पहले स्वयं दलाई लामा यहाँ आये थे, मुझे तब इस स्थान की महत्ता और अधिक समझ में आयी।

इतिहासकार कहते हैं कि तथागत के सिरपुर आगमन की याद को चिरस्थायी बनाने के लिए यहाँ ईसा पूर्व तीसरी शताब्दी में सम्राट् अशोक के द्वारा बौद्ध स्तूप का निर्माण करवाया गया था। यह बात सिरपुर को और अधिक प्राचीनता की ओर ले जाती है। इस अधिष्ठान के पत्थरों में ईसा पूर्व दूसरी शताब्दी के अक्षरों में बौद्ध भिक्षुकों के नाम तक खुदे प्राप्त हुए हैं। भगवान् बुद्ध के समय गया से लाया गया वटवृक्ष अभी भी अपनी कायांतरित शाखा के साथ बाज़ार क्षेत्र में विद्यमान है।

अभी भी सौ से अधिक टीलों में गुरातात्विक सामग्री दबी हुई है। ऐतिहासिक महत्व की कई वस्तुएँ लगातार मिल ही रही हैं। अभी ये पुरावशेष सिरपुर स्थित लक्ष्मण मन्दिर परिसर में प्रदर्शित किए गये हैं।

मुझे बाद में पता चला कि बोधिसत्व नागार्जुन, बौद्ध धर्म की महायान शाखा के संस्थापक का आश्रम, सिरपुर (श्रीपुर) में ही था। नागार्जुन उस समय थे, जब छत्तीसगढ़ पर सातवाहन वंश की एक शाखा का शासन था। नागार्जुन ने अपनी ज़िन्दगी में तीस ग्रन्थ लिखे। उन्होंने यहीं रहकर एक आयुर्वेदिक

ग्रंथ की रचना की थी, जिसका नाम है, 'रस-रत्नाकर।' नागार्जुन एक महान रसायन शास्त्री भी थे उनका आश्रम एक प्रसिद्ध केन्द्र था, जहाँ देश-विदेश से छात्र आते थे, पढ़ने के लिए। नागार्जुन बाद में नालन्दा विश्वविद्यालय के कुलगुरु निर्वाचित हुए थे। श्रीपुर में और एक विद्वान रहते थे, आचार्य बुद्ध घोष। वे बौद्ध धर्म के महान विद्वान थे। श्रीपुर में एक शिलालेख मिला है, जिसमें उनका नाम है। आचार्य बुद्ध घोष बाद में श्रीलंका चले गये थे।

इस पूरी यात्रा के दौरान मेरे लिए सबसे अधिक विस्मय करने वाला स्थान कोई था तो वह था, बाज़ार क्षेत्र। अनिल ने मुझे बताया कि यह विश्व का सबसे बड़ा उत्खनित बाज़ार है। इस क्षेत्र में प्रवेश करते ही ऐसा लगता है, जैसे आप किसी उजड़े हुए नगर में आ गये हों, जहाँ केवल नींव और उसके ऊपर की कुछ दीवारें भर दिखती हैं। वे दीवारें जो कभी भूरे पत्थर की हुआ करती होंगी, लेकिन अब उन पर काला रंग चढ़ा हुआ-सा दीखता है। दूर तक एक जैसी संरचनाएँ और उसके पीछे महानदी का पाट। सिरपुर में विदेश के बन्दरगाह की एक मोहर भी मिली है, जिससे पता चलता है कि सिरपुर से विदेशों में महानदी के माध्यम से व्यापार होता था। सिरपुर के पास ही महानदी पर नदी बंदरगाह आज भी विद्यमान है। पहले महानदी में पानी के छोटे जहाज आया-जाया करते थे।

इस बाज़ार क्षेत्र से चौड़े-चौड़े रास्ते (जो एक-दूसरे को समकोण पर काटते हैं), अड़तालीस अन्नागार, विश्रामालय तथा कई आयुर्वेदिक स्नान कुण्ड, पानी पीने के कुएँ आदि मिले हैं। यह एक योजनाबद्ध तरीक़े से बना हुआ सुव्यवस्थित बाज़ार नज़र आता है। प्राप्त सामग्री से यह पता चलता है कि व्यापार के समस्त पहलुओं को ध्यान में रखते हुए बाज़ार का निर्माण किया गया होगा।

विशेषज्ञ कहते हैं कि राजधानी बनने से पहले सिरपुर एक बहुत बड़ी औद्योगिक नगरी थी। सिरपुर के उस पूरे उत्खनन क्षेत्र से अनेक धातु प्रतिमा, आभूषण बनाने के विविध उपकरण, लोहे के अनेक प्रकार के बर्तन, कीलें-ताले, ज़ंजीर, सिलबट्टा, दीपक, पूजा के पात्र, घड़े, पकी मिट्टी की मुहरें एवं खिलौने आदि प्राप्त हुए तथा सोने के तीन महत्वपूर्ण सिक्के भी बरामद

हुए हैं, जो अपने आप में सिरपुर की समृद्ध विरासत के गवाह बनकर खड़े हैं। छठी-सातवीं शताब्दी में सिरपुर एक अति विकसित राजधानी थी, जहाँ देश विदेश से व्यापार होता था। इस प्राचीन राजधानी में धातु गलाने के उपकरण, सोने के गहने बनाने का कार्य होता था।

वर्षों तक सिरपुर का उत्खनन करने वाले अरुण जी ने बताया कि सिरपुर का पतन वहाँ आये भूकम्प और बाढ़ के कारण हुआ था। सातवीं शताब्दी के पश्चात् इस क्षेत्र में ज़बरदस्त भूकम्प आया था, जिसके कारण पूरा सिरपुर नष्ट हो गया था। इसके साथ ही महानदी का पानी महीनों तक नगर में भरा रहा। उन्होंने कहा कि यही भूकम्प और बाढ़ सिरपुर के विनाश का कारण बना। यहाँ के पुरातात्विक उत्खनन में, इस बाढ़ और भूकम्प के प्रमाण के रूप में सुरंग 'टीले के' मन्दिरों में सीढ़ियों के टेढ़े होने और मन्दिरों व भवनों की दीवारों पर पानी के रुकने के साथ बाढ़ की महीन रेत युक्त मिट्टी दीवारों के एक निश्चित दूरी पर जमने के निशान मिलते हैं।

किसी नगर का नष्ट होना केवल किसी शहर का नष्ट होना नहीं है बल्कि एक पूरी सभ्यूता पर आघात होना है। यही सिरपुर के साथ हुआ। अचानक मन्दिर की घण्टियों की गूँज बन्द हो गयी होगी, अचानक हवा में घुलते धम्म मन्त्र शान्त हो गये होंगे, यूँ ही अचानक बाज़ार की रौनक़ समाप्त हो गयी होगी। घरों के चूल्हों तक महानदी का पानी घुस आया होगा, प्रार्थना को गुदगुदाते कितने ही स्वर शान्त हो गये होंगे। इस आघात का प्रभाव आज भी सिरपुर के माथे पर स्पष्ट देखा जा सकता है, सिरपुर की गलियों में घूमते हुए। अब सिरपुर उतना मुखर नहीं दिखता। उसे लगता होगा कि उसके वैभव, विरासत और समृद्धता को किसी की नज़र न लग जाये।

मैं गेस्ट हाउस आ गया। पीछे की खिड़की से शान्त महानदी मौन, थोड़ी-सी उदासी भरी मुस्कराहट लिये बही जा रही थी। महानदी के दूसरे छोर पर सूरज टकटकी लगाए आ बैठा था, नदी में एक नाव धीरे-धीरे क्षितिज की ओर जा रही थी, अपने पीछे पीछे एक पगडण्डी-सी बनाती हुई...

महानदी जैसे सोच रही थी, कभी हज़ारों जलयान मेरी इन पगडंडियों पर चला करते थे...